LES PIPEAUX

DU MÊME AUTEUR

À PARAÎTRE

ROSEMONDE GÉRARD

LES PIPEAUX

Ouvrage couronné par l'Académie Française

Première Édition 1923
Œuvre Complète

©2024, Ressurecto Eterna Vita Editions

contact@reveditions.com

ISBN : 9798879330595

Dépôt légal : Février 2024

Une courte biographie…

À la lecture de ces poésies tantôt enfantines tantôt sévères mais toujours émouvantes, on ne peut s'empêcher d'essayer de découvrir ce qui a pu motiver ces écrits et la personnalité profonde de leur auteur, alors essayons ensemble.

Louise Rose Étiennette GÉRARD est née le 7 avril 1866 à Paris de « père et mère inconnus ».

Fruit d'une liaison extra-conjugale entre Sylvie LEE alors épouse de William LEE et mère de deux garçons, elle sera finalement reconnue deux ans plus tard par son père, sa mère quant à elle se déclarant sa tutrice.

Baptisée à l'âge de 13 ans elle rentre alors au couvent des dominicaines jusqu'à sa majorité.

Son père décède en 1880 lui léguant les trois quarts de sa fortune alors qu'elle n'a que 14 ans et c'est Alexandre DUMAS FILS qui deviendra son tuteur.

En 1884, à la sortie du couvent elle part habiter chez sa mère pour qui elle voue une adoration sans limites même si celle-ci ne l'a jamais reconnue. Les deux femmes écument les salons des hautes sphères de la poésie, elle écrit des vers sous le nom de Rose LEE et les y récite… Elle retiendra finalement Rosemonde comme nom d'écriture, le surnom de sa grand-mère. Cette jeune fille blonde, mince, délicate et fortunée ne laisse personne indifférent et est fortement inspirée par son parrain le poète Leconte de LISLE et son aïeule la dramaturge et romancière Madame de GENLIS.

C'est lors d'un séjour dans la station thermale de LUCHON en 1887 qu'elle rencontre un jeune homme également amoureux des vers, Edmond ROSTAND.

Dès lors les jeunes gens s'écriront tous les jours, souvent en vers, elle le poussera, l'incitera, le corrigera et c'est en 1889 que finalement ils sortiront tous deux des œuvres poétiques, *Les Pipeaux* pour Rosemonde — œuvre qui sera couronnée par l'Académie Française et remportera le prix Archon-Despérouses — et *Les Musardises* pour Edmond, deux ouvrages qui semblent se répondre dans la fraîcheur et le naturel des sentiments qui les ont inspirés.

Entre deux expositions universelles, Paris rayonne désormais du sommet de la tour Eiffel.

Fous d'amour l'un pour l'autre c'est en 1890 qu'il se marient et de leur union naîtra en 1891 leur premier enfant, Maurice, l'occasion pour Sylvie LEE de rejoindre le foyer.

Edmond s'essaye à la composition d'une pièce qui se voit refusée par la Comédie Française.

Il s'obstine et persévère. Rosemonde, complètement subjuguée par le talent de son époux va dès lors et dans une complète abnégation, sacrifier sa propre carrière et accompagner dans sa quête de gloire l'homme qui s'engouffre dans les activités théâtrales et à qui elle a crainte de nuire artistiquement.

Enfin, en 1894 qui voit naître Jean, leur deuxième fils, *Les Romanesques* — Une comédie dédiée à Rosemonde — devient un premier succès auprès de la Comédie Française.

Malgré cela Edmond affaibli par la mise en scène de la pièce et les nombreuses répétitions où tantôt il s'esclaffe, tantôt il vocifère est acariâtre et devient plus noir à chaque contrariété, sombrant peu à peu vers une sourde dépression.

Rosemonde, inquiète, reste plus présente que jamais à ses côtés, très attentive à sa santé physique et mentale. Ils rencontrent Sarah BERNHARDT — qui possède le théâtre de la Renaissance — par l'intermédiaire de leurs amis, les RICHEPIN et pour qui une nouvelle pièce à succès sera écrite, *La Samaritaine*.

La consécration ne sera finalement obtenue qu'avec *Cyrano de Bergerac* en 1897, Rosemonde y laissant une partie de sa prose dans les séquences sentimentales et une partie de sa dot pour réaliser la mise en scène.

Edmond, enfin porté par la gloire va peu à peu délaisser Rosemonde et la tromper, elle qui est reléguée aux tâches d'intendance et qui s'affaire à protéger son époux. Éternel insatisfait, l'alternance de « crises de nerfs » et de périodes d'isolement affecte dangereusement l'auteur.

Atteint de pneumonie et sur les conseils du médecin de famille, la famille quitte Paris en 1900 pour le Pays Basque accompagnée de Mme LEE, une période difficile pour la Parisienne Rosemonde, habituée aux distractions et aux théâtres de la Capitale.

Ils achèteront finalement un terrain à Cambo-Les-Bains en 1902 et ce sera ensuite quatre longues années de travaux pour la nouvelle obsession d'Edmond Rostand, la majestueuse Villa Arnaga et ses magnifiques jardins, lieu d'épanouissement pour leurs fils dont l'un s'y éveillera à la poésie et l'autre à la nature.

La quarantaine désormais et ayant perdu sa mère en 1903 avec beaucoup de difficultés à se remettre de cette perte, Rosemonde est de plus en plus seule face au sombre Edmond qui s'enferme des journées entières dans le noir à l'abri du monde.

En 1911, une réédition des *Musardises* remplace la partie « *Le Livre de L'Aimée* » consacrée à Rosemonde, présageant de l'avenir du couple.

1913 : Nous sommes aux portes de la première Guerre Mondiale et si elle n'est pas effective la rupture est en marche, Edmond préférant la compagnie d'Anna de Noailles, une poétesse mélancolique.

Rosemonde de son côté recroise Tiarko RICHEPIN, le fils de leurs amis. Le jeune homme de 22 ans, compositeur, séduira rapidement Rosemonde qui écrit toujours.

Rosemonde s'échappe de plus en plus régulièrement vers Paris avec son fils Maurice avec qui elle entretient une relation fusionnelle tandis que Jean reste auprès de son père à Arnaga. Rosemonde en profitera pour écrire une Féerie, *Un Bon Petit Diable* — basée sur le roman éponyme de la Comtesse de Ségur — pour Maurice afin de l'appuyer dans ses désirs de poésie.

La guerre est là, Dodette — Le surnom donné à Rosemonde par ses enfants — parvient par ses relations à faire échapper ses fils au front et tout le monde se réfugie à Arnaga où finalement comme leur père également réformé, ils s'engageront volontairement afin d'apporter leur aide dans les hôpitaux.

En 1915, Edmond ROSTAND s'entiche d'une comédienne, Mary MARQUET, la fraîche vingtaine, qu'il compte épouser à la fin de la Guerre. Quant à elle, Rosemonde continue ses escapades avec le fils RICHEPIN en Bretagne.

De retour sur Paris pour fêter la fin de la Guerre, Edmond Rostand succombera finalement à la grippe espagnole sans avoir mis un terme à son mariage.

Rosemonde reprend dès lors la plume et les rimes, entourée de poésie, de chansons et de théâtre, elle qui s'était effacée pour son mari tant aimé. Alternant vie à Paris avec son fils dont elle est inséparable et des séjours dans les stations balnéaires et thermales elle sillonnera les routes de France pour donner des conférences toutes en poésie sur le Féminisme ou l'extraordinaire vie et œuvre de son mari, à une époque où l'on peut passer la soirée à écouter des vers.

Plus rien ne l'arrête désormais, elle rééditera en 1923 *Les Pipeaux*, suivi en 1926 par *L'Arc-en-Ciel* également récompensé par l'Académie Française, ainsi que trois autres recueils de poésie : *Féeries* (1933), *Rien que des chansons* (1939) et *Les Muses Françaises* en 1943.

Ce sont également plus de dix pièces en prose qui seront jouées, des chansons composées et interprétées par Tino Rossi ou André Baugé et deux œuvres en prose sur son époux et son aïeule.

Décorée du titre de Chevalier de la Légion d'Honneur et membre du prix Fémina, tour à tour Dodette, Rose, Rosemonde ou Mme ROSTAND, fille, mère ou épouse, cette femme exceptionnelle aux multiples facettes et dont le nom fut donné à une rose, eût été célèbre et connue à juste titre si elle n'avait épousé Edmond ROSTAND et cela, aucun membre de son entourage n'en aura jamais été dupe, mais pour qui aurait-elle alors bien pu écrire certains vers si poignants que vous découvrirez ? Rosemonde décèdera à Paris où elle est enterrée le 8 juillet 1953 à l'âge de 87 ans.

*
* *

Rééditer ses œuvres poétiques c'est pour moi l'occasion de vous faire découvrir cette Femme et de faire perdurer sa mémoire au travers des rondeaux, sonnets et triolets, de ses observations sensibles de la nature à son amour éperdu pour cet homme qui restera celui de sa vie.

Marius Julien

Pour en savoir plus…

Le site de la Villa Arnaga qui présentera au printemps de cette année des morceaux choisis et des textes inédits de Rosemonde GÉRARD

Les Annales de la Société d'Histoire et d'Archéologie de l'arrondissement de SAINT-MALO du 1 janvier 2005 qui présente une biographie dont je me suis inspiré.

Le magnifique rosier Mme Edmond ROSTAND de Joseph PERNET-DUCHER

Pour vous informer de nos publications à paraître et nous suivre

RUSTICA

LA CHAUMIÈRE

La chaumière, dans le bosquet,
Se coiffe d'un chapeau de paille.
Parmi les arbres en bouquet
On peut voir sa blanche muraille,
Et l'or de son chaume coquet,
Et son toit pointu qui fumaille.
C'est comme un château plus secret,
La chaumière.
J'aime son petit air distrait,
Sa porte verte et son volet
Qu'une fleur toujours entrebâille ;
Et voudrais, tant elle me plaît,
Même sans cœur qu'on me la baille,
    La chaumière.

LE POTAGER

Les oiseaux commençaient leur musique légère ;
Les arbres échangeaient les premiers hannetons ;
Et l'on voyait au loin passer une bergère
Qui gardait un troupeau de brume et de moutons.

Le gazon se baignait dans un bain de rosée ;
Le soleil se levait sur le jour d'aujourd'hui ;
Chaque feuille semblait, par le matin, rosée,
Et la fraîcheur d'hier dormait sur chaque fruit.

Dans une plate-bande à bordure d'oseille,
Majestueusement poussaient les artichauts ;
Sur le mur au-dessus d'un buisson de groseille,
Pendait le chasselas poudrerizé de chaux ;

S'échappant d'un carré de salade superbe,
Un légume parfois s'approchait d'une fleur
Car on voyait pousser, côte à côte dans l'herbe,
Des petits pois tout verts et des pois-de-senteur ;

Bedonnant doucement sous leur cloche de verre,
Les melons presque mûrs avaient de beaux tons roux ;
Des mouches bourdonnaient aux portes de la serre,
Et des papillons blancs voltigeaient sur les choux ;

Le vieux tonneau de bois, rempli d'une eau éteinte,
Rêvait : « Serais-je pas un ruisseau pour de bon ?... »
Et, toujours peinte à neuf, la tendre coloquinte
Gémissait : « Ah ! cessez de me croire en carton ! »

On entendait au loin pépier l'alouette ;
Entre les noirs lauriers aux grâces de fuseaux
Se dissimulait mal l'informe silhouette
Du bonhomme en chiffons qui fait peur aux oiseaux.

Mais, comme il n'y avait dans l'heure enchanteresse
Personne encore et qu'on respirait du bonheur,
Tous les petits oiseaux piquaient d'une caresse
Le bonhomme en chiffons qui ne leur fait pas peur.

Ils disaient : « Tui ! tui ! tui ! très malins nous le sommes :
Nous fuirons tout à l'heure avec un grand effroi…
Mais tu es bien meilleur que tous les autres hommes,
Et, quand nous sommes seuls, nous venons tous sur toi ! »

AUBE

Dans le fin fond des cieux pâlis
Montent d'invraisemblables roses ;
L'air a des puretés de lys ;
C'est l'éveil de toutes les choses.

Les zéphyrs frôlent, assouplis,
Les corolles à demi closes…
Dans le fin fond des cieux pâlis
Montent d'invraisemblables roses.

Et, neigeux, comme des surplis[1],
Des nuages d'apothéoses
Envolés aux firmaments roses,
Passent, délicats et jolis,
Dans le fin fond des cieux pâlis.

---

[1] Surplis : vêtement liturgique de toile fine, blanche, à manches larges, qui descend jusqu'aux genoux et se porte par-dessus la soutane *(Larousse)*.

16

MATINÉE

Les rosiers effeuillent des roses
Qui tombent autour des rosiers ;
Toutes les fleurs sont vite écloses,
Car les rayons sont des brasiers.

Dans l'herbe où vont, avec des pauses,
Ces saphirs qui sont des bousiers,
Les rosiers effeuillent des roses
Qui tombent autour des rosiers.

Mille petits refrains sans causes
S'échappent de mille gosiers ;
Et, rafraîchissant bien des choses
Sur les fronts et sur les fraisiers,
Les rosiers effeuillent des roses.

LE CADRAN SOLAIRE

Que les heures des beaux jours
Ont donc une force claire !
Elles ont tout pour nous plaire,
Jusqu'au parfum des amours.

Le ciel a tu sa colère ;
Les fleurs ont mis leurs atours ;
Que les heures des beaux jours
Ont donc une force claire !

Le rêve est aux alentours.
Et le vieux cadran solaire
Dit, de son doigt de velours :
« Je ne marque sur la pierre
Que les heures des beaux jours ! »

LA PLUIE

Pourquoi dire : il fait beau temps ?
Ce beau temps-là sent la pluie.
Un air de mélancolie
S'est emparé du printemps.

L'herbe court, dans la prairie,
Plus vite que les instants…
Pourquoi dire : il fait beau temps ?
Ce beau temps-là sent la pluie.

Car, là-haut, les quatre vents,
Pris d'une brusque furie,
Bousculent la bergerie
Des petits nuages blancs…
Pourquoi dire : il fait beau temps ?

ORAGE

Un rayon d'or fin s'est glissé
Dans les verdures frissonnantes.
Le ciel rit. L'orage a laissé
Une odeur fraîche dans les sentes.

La bonne eau de pluie a lissé
Les petites feuilles tremblantes.
Un rayon d'or fin s'est glissé
Dans les verdures frissonnantes.

Un vieil arbre gît, tout cassé
Par la foudre et par les tourmentes :
Mais, apportant au mal passé
Déjà quelques clartés riantes,
Un rayon d'or fin s'est glissé.

COUCHER DE SOLEIL

Après que le soleil s'en va,
L'angoisse envahit chaque plante ;
La fourmi transporte, plus lente,
Le moucheron qu'elle trouva ;

L'eau, qui dansait la redowa[2],
S'alanguit en valse tremblante...
Après que le soleil s'en va,
L'angoisse envahit chaque plante.

Mais, violette et violente,
Et gardant, sous la nuit frôlante,
Le rêve d'or qu'elle rêva,
L'ombre longtemps reste brûlante
Après que le soleil s'en va !

---

[2] Redowa : danse originaire de Bohême, exécutée en couple, proche de la valse, dont elle diffère par un face-à-face momentané des partenaires, l'un avançant, l'autre reculant, à la mode en Europe dans la première moitié du XIXème siècle *(Larousse)*.

CRÉPUSCULE

C'est l'heure de la teinte exquise
Dont le regard est reposé ;
La couleur se fait indécise…
Le ciel est-il mauve ou rosé ?

La branche est-elle verte ou grise ?
L'air qu'on respire est irisé…
C'est l'heure de la teinte exquise
Dont le regard est reposé.

Et, pour qu'une âme au loin se grise
De son rêve réalisé,
Dans le feuillage d'un cytise[3]
Un doux rossignol s'est posé…
C'est l'heure de la plainte exquise !

---

[3] Cytise : arbuste papilionacé, ornemental, parfois épineux, à fleurs jaunes parfumées, en grappes pendantes *(Larousse)*.

SOIRÉE

Le ciel est couleur d'émeraude ;
La terre est couleur d'horizon ;
Dans l'air du soir, un parfum rôde,
Une odeur fraîche de gazon.

La grenouille verte clabaude ;
L'étang se ride d'un frisson…
Le ciel est couleur d'émeraude ;
La terre est couleur d'horizon.

Oubliant sa grâce faraude[4],
La fleur penche vers le buisson ;
Et, déjà la lune minaude
De son joli visage rond,
Dans le ciel d'un vert émeraude.

---

[4] Faraude : qui fait le fier, qui tire vanité d'avantages insignifiants *(Larousse)*.

CLARTÉ LUNAIRE

La lune répand sa lueur crayeuse,
Qui blanchit l'ardoise au toit du manoir.
Sa clarté très douce et molle, ce soir,
Veloute le tronc moussu de l'yeuse[5].

Veloutant le tronc moussu de l'yeuse,
Faufilé parmi le feuillage noir,
Un rayon sourit et joue. On peut voir
Les ajoncs trembler de façon frileuse.

Les ajoncs, tremblants de façon frileuse,
Ondulent au loin sous le vent du soir.
Près du banc de pierre où l'on vient de s'asseoir,
Un seul ver luisant semble une veilleuse.

Et, vers la vivante et pâle veilleuse,
Le printemps balance un doux encensoir
Qui répand dans l'air un parfum d'espoir,
De feuille nouvelle et de tubéreuse.

Un parfum d'espoir et de tubéreuse
S'élève. Parmi le feuillage noir,
Un lys tomberait qu'on l'entendrait choir
Tant cette heure est calme et silencieuse.

Et, dans l'heure calme et silencieuse,
Ce soir encor plus qu'un autre soir,
Blanchissant l'ardoise au toit du manoir,
La lune répand sa lueur crayeuse.

---

[5] Yeuse : nom usuel du chêne vert en ancien provençal *(Larousse)*.

24

LA NUIT

Ô Nuit, écoute-moi, la fenêtre est ouverte.

Je te sens là dehors qui trembles, toute verte,

Ayant jeté ton beau manteau bleu sur les toits.

Je t'entends respirer, et je sens sur mes doigts

Ton souffle, comme si mes doigts étaient des feuilles…

O Nuit, écoute-moi. Je veux que tu le veuilles.

Nuit je suis réveillée. Écoute-moi. Causons.

Tout ce jour, le soleil, qui dore les maisons,

A tenu le jardin sous ses terribles charmes ;

Il a réchauffé l'herbe, il a séché les larmes

Qui coulaient sur la joue amoureuse d'un fruit,

Et les prunes surtout étaient folles de lui ;

Mais moi, je résistais, et j'attendais cette heure

Pour te retrouver, toi, plus fraîche, toi, meilleure,

Toi à qui je sais mieux parler, car, toi, là-bas,

Tu m'écoutes… et tu ne me regardes pas !

DISCUSSION SOUS LES ÉTOILES

Dans une nuit brûlante et claire
D'octobre, il y eut une fois
Un bois qui ne s'endormait guère
À l'heure où s'endorment les bois.

Dans la nuit douce et violette,
Coururent des discussions…
« Mes cheveux », dit une comète,
« Sont les plus clairs et les plus longs.

— Nos cheveux », crièrent deux saules,
« Sont, frémissant toujours un peu,
Les plus émouvants… — Les plus drôles,
Sont les miens », dit un chardon bleu,

« Piquants qui deviennent des cendres… »
Un petit artichaut moqueur
Cria : « Les miens sont les plus tendres,
Et je les porte dans mon cœur. »

Une meule dit : « Toute entière,
Je ne suis que des cheveux d'or. »
Mais la discussion légère,
Tout à coup s'élargit encor.

Un petit aspic idolâtre
Sifflota : « Rien ne fut pareil
Aux noirs cheveux de Cléopâtre,
Sur son sein couleur de soleil.

— Et que fait-on de la torsade
De Vénus sortant de la mer ? »
Fit un coquillage nomade
Égaré dans le ruisseau clair.

La mouche dit : « Nul, sans reproche,
N'a voyagé comme j'ai fait ;
J'ai même accompagné le coche
Qui, dans une fable, montait ;

Et je dis : Rien n'est comparable
Aux cheveux trois fois féminins
Qu'avait, sur la route adorable
Manon, dans le coche d'Amiens. »

Mais, laissant rouler sur la brise
Quelques perles de son gosier,
Un pinson de François d'Assise,
Et qui savait fort bien parler,

Conclut, dans l'ombre d'un mélèze :
« Tous coupés par l'ordre éternel,
Les cheveux de sainte Thérèse
Sont de tous les plus près du ciel. »

Puis, ce fut le tour du silence ;
Et le pinson, sur son rameau,
Prenait ce bel air d'importance
Que vous donne le dernier mot…

Quand, tout à coup, quel chant magique
Fait oublier les autres voix ?
Et c'est (remplissant de musique,
L'air, l'instant, les cœurs et les bois)

Le rossignol et l'alouette
Qui chantent : « Rien n'est aussi beau
Que les cheveux de Juliette
Sur l'épaule de Roméo ! »

PRINTEMPS

Sous le dôme des buissons verts,
Dans mes petits sentiers couverts,
Les doux mimosas entr'ouverts
      Levaient la tête ;
Et leurs parfums délicieux,
Qui montaient légers vers les cieux,
Donnaient au bois silencieux
      Un air de fête.

En sentant les parfums ambrés
Des jolis mimosas dorés,
Les oiselets tout enivrés
      Perdaient la tête ;
Ils roucoulaient comme des fous,
Et leurs chants, tant ils étaient doux,
Donnaient au vieux bois plein de houx
      Un air de fête.

En entendant les chants joyeux
Des oiselets insoucieux,
Le soleil, un peu curieux,
      Montra sa tête ;
Et ses clairs rayons qui, sournois,
Se faufilaient en tapinois[6]
Sous les feuilles, donnaient au bois
      Un air de fête.

---

[6] En tapinois : en cachette, sournoisement en ancien français *(Larousse)*.

29

Or, le soleil et ses ardeurs,
Le chant des oiseaux gazouilleurs,
Et l'arôme troublant des fleurs
Mirent ma tête
Si complètement à l'envers,
Que j'écrivis ces quelques vers
Pour dire que les sentiers verts
Étaient en fête !

SOIR DE PRINTEMPS

Le chant du rossignol et celui de la source
Composent, dans le soir, un duo de cristal ;
Le ciel ouvre en clignant les yeux de la grande ourse ;
Et le croissant de lune est blanc comme un signal.

Les roses, dont l'odeur est la seule ressource,
Répandent leur parfum jusqu'à nous faire mal ;
Une chauve-souris recommence sa course ;
Et le cri d'un grillon semble un rayon final.

Le destin fatigué des âmes qui s'effeuillent,
Cherche, dans le gazon, le trèfle à quatre feuilles ;
« Quel beau soir de printemps ! » s'écrient toutes les fleurs…

Et, pour mieux s'emparer des rêves sans défense,
L'amour, avec un air d'inventer une danse,
Entre dans les jardins sur la pointe du cœur.

LES COUCOUS

Une nuit, lorsque les hiboux
Dorment dans un arbre paisible,
Le printemps, d'un doigt invisible,
Dans l'herbe plante les coucous.

Aux pieds des chênes et des houx,
Toute l'herbe claire il en crible.
Mais c'est un jeu d'enfant terrible
Les pauvres fleurs sont ses joujoux

Il les place, les fleurs gentilles,
Comme pour de légers quadrilles,
Sur les prés et sur les talus ;

Puis, prenant les grêlons pour billes,
Avec elles il joue aux quilles…
Et bientôt il n'en reste plus.

LES MARRONNIERS

Les fleurs des marronniers tombent déjà, finies :
Il neige, il neige en mai des pétales de fleurs,
Qui, dans le clair sentier plein d'oiseaux sautilleurs,
Meurent en parfumant l'air de leurs agonies.

Sur le sol recouvert de leurs feuilles jaunies,
Les averses du soir mettent des larges pleurs…
Les fleurs des marronniers tombent déjà, finies :
Il neige, il neige en mai des pétales de fleurs.

Et tandis qu'avec des tendresses infinies
Le printemps, parmi les flots verts des prés trembleurs,
Épingle les pavots aux voyantes couleurs
S'arrachant par flocons des branches dévernies
Les fleurs des marronniers tombent déjà, finies…

LES PEUPLIERS

Les grands peupliers longent le ruisseau ;
    Et vont, d'un air grave,
Reverdis à neuf par le renouveau
    Qui fait l'air suave.

Un par un, faisant un tremblant rideau
    Au torrent qui bave,
Les grands peupliers longent le ruisseau,
    Et vont d'un air grave.

Fiers de tout ce qui se passe là-haut,
    Et qu'eux seuls ils savent,
Hochant sur le ciel leur léger plumeau,
    Aves des airs graves…

Les grands peupliers longent le ruisseau.

LES CLOCHETTES

Les petites clochettes bleues
Font à la brise un tintement,
Mais que perçoivent seulement
Les bouvreuils et les hochequeues.

Au souffle des zéphyrs frôleurs
Qui viennent balancer leur gerbe,
Elles sonnent pour les brins d'herbe,
Pour les oiseaux et pour les fleurs.

*

Dès qu'une pâquerette est née,
Les clochettes sonnent afin
Qu'on la baptise de rosée
Avec le soleil pour parrain ;

Lorsqu'on célèbre un mariage
Chez la rose ou chez la fourmi,
Les clochettes font grand tapage ;
Elles tintent fort bien aussi

Lorsque les chenilles dévotes
Processionnent sous les bois,
Et remémorent aux linottes
Le saint jour de l'alléluia ;

Si les mantes religieuses
S'agenouillent dans les crocus,
C'est que les clochettes pieuses
Ont dû sonner quelque angelus ;

C'est elles qui sonnent encore
Quand, plus triste qu'un encensoir,
La douloureuse passiflore
Donne son cœur au vent du soir ;

Et c'est encore elles qui sonnent
Quand, pour ramener au verger
Deux moutons perdus qui frissonnent,
Brille l'étoile du berger.

Jamais leur voix ne se repose...
Le matin, devant l'autel blanc
Qu'un lys ou qu'un iris propose
Au bourdon, ce chantre tremblant,

Les clochettes, parmi la brise,
Choisissant pour enfants de chœur
La framboise avec la cerise,
Sonnent la messe de fraîcheur ;

Et, quand le ver luisant s'allume
Dans le parc où s'éteint le bruit
Les clochettes, parmi la brume,
Sonnent la messe de minuit.

✳

Elles sonnent toutes les messes,
Tous les printemps, tous les parfums ;
Et font, pour les moineaux défunts,
Des petits glas pleins de tristesses...

Alors vont à l'enterrement
Les bouvreuils et les hochequeues,
Appelés par le tintement
Des petites clochettes bleues !

LA CLOCHE DE L'ÉGLISE

Au baptême, son couplet
Est frais comme un ruisselet
    D'eau fraîche,
    D'eau fraîche ;

Et, dans le matin si beau
Velouté comme une peau
    De pêche,
    De pêche,

Chaque toit de paille d'or,
Un instant, semble être encor
    La crèche,
    La crèche.

*

Pour les noces, sa chanson
Est douce comme un frisson
    De rêve,
    De rêve ;

Et, dans le midi léger
Tout parfumé d'oranger,
    S'élève,
    S'élève,

L'éternel chant d'un instant
Qui vient du jardin d'Adam
    Et d'Ève,
    Et d'Ève.

*

Mais, quand c'est l'enterrement,
Ah ! quel triste tintement
    De drame,
    De drame ;

Et parmi la croix de fleur
Où le cierge à l'air d'un pleur
    De flamme,
    De flamme,

On croit entendre, là-haut,
Le continuel sanglot
    D'une âme,
    D'une âme.

*

Ô cloche du vieux clocher,
Qui savez si bien prêcher
    Carême,
    Carême ;

Comment faites-vous dans l'air
Pour carillonner le clair
    Baptême,
    Baptême…

Le deuil noir… et les amours…
Puisque vous êtes toujours
    La même,
    La même ?

LE DOUX VILLAGE

Chaque maison semble, avec une échelle,
Rentrer du bonheur dans chaque grenier ;
Sur chaque buisson la rose est nouvelle ;
Chaque ciel est clair dans un marronnier.

Et cette rivière à l'air d'être celle
Où jadis, tremblant sous l'œil d'un rosier,
Ce lapin, sauvé par une sarcelle,
Traversa les flots dans un nid d'osier.

Tout semble possible en cet air si tendre :
Le renard y voit les raisins descendre ;
Le pigeon revient sans même avoir fui ;

Et le grand loup noir, grisé de verdure,
Rencontrant l'agneau près d'une onde pure,
Lui tend le ruisseau pour boire avec lui.

LE VILLAGE ANCIEN

Village ancien, que fais-tu de tes pommes ?...
L'arbre s'écroule aux pentes du gazon ;
Le cidre d'or mousse aux lèvres des hommes ;
Et le parfum dépasse la saison.

Village ancien, que fais-tu de tes âmes ?...
Le soir soupire au seuil de la maison ;
Le fil d'argent se mêle aux doigts des femmes ;
Et la dentelle a brodé l'horizon.

Village ancien, que fais-tu de tes heures ?...
Tes souvenirs dorment sur tes demeures ;
Le temps, qui vole à côté d'un ramier,

N'oublia rien dans ta brise sylvestre ;
Et le parfum du paradis terrestre
Se trouve encor près de chaque pommier !

LE VILLAGE INCONNU

Mais à qui demander le nom de ce village
Traversé comme en rêve et trouvé par hasard ?
Quelques maisons portant des cheveux de feuillage ;
Quelques vieux murs portant des colliers de lézard ;

Un cerisier qui chante ; une chèvre qui broute ;
Un lavoir endormi derrière des roseaux ;
Des meules sur le pré, des arbres sur la route,
Et, sur un ciel doré, des triangles d'oiseaux.

Ah ! comment oublier ces nuages d'or brun ?
Cet air dont le silence augmentait le parfum ?
Mais la minute est longue et la mémoire est brève…

C'est pourquoi, m'éloignant de ce village clair,
J'ai, pour le retrouver et sans en avoir l'air,
Perdu sur le chemin les miettes de mon rêve !

MAISON D'ÉTÉ

C'est la jungle au milieu des fleurs. Deux chèvres blanches
Broutent, dans le jardin, l'herbe de la saison ;
Et, venu du village en écartant les branches,
Un âne se promène autour de la maison.

Un lapin des forêts, la patte ensanglantée,
Vint s'abriter un soir : il est resté depuis ;
Et l'assiette lui donne une part de pâtée
Entre les lapins noirs assemblés près du puits.

Les écureuils sont familiers ; l'air est champêtre ;
Les oiseaux du bon Dieu entrent par la fenêtre ;
Une souris, parfois, traverse un grand salon ;

La mort est sans excuse et l'heure sans égale ;
La musique ne fait pas taire une cigale…
La lumière ne brûle pas un papillon !

UNE ROSE

Cette rose vivait au-dessus du jardin,
N'ayant, sur son front pur, qu'une âme pour aigrette,
Et ne comprenant rien à la foule secrète
Qui se cachait le soir et courait le matin.

Aspirant à l'étoile et fuyant le ravin,
Il lui fallait le ciel pour appuyer sa tête…
Cette rose vivait au-dessus du jardin,
N'ayant, sur son front pur, qu'une âme pour aigrette.

Elle n'avait jamais, pour lire le destin,
Effeuillé le cœur d'or d'une humble pâquerette ;
Elle n'avait jamais, penchant son cœur lointain,
Vu trembler l'herbe folle ou l'herbe d'amourette…
Cette rose vivait au-dessus du jardin.

PROMENADE AU SOLEIL

La lumière est partout ; l'ombre est comme en voyage.
Le soleil excessif semble déraisonner.
Et les écriteaux bleus qui nomment un village
Sont si bleus qu'on ne peut jamais les soupçonner.

On compterait vraiment les feuilles du feuillage.
Qui parle de frémir ? et qui, de frissonner ?
Le front n'a pas un pli ; le ciel, pas un nuage.
La vieille horloge sonne en s'écoutant sonner.

Le silence doré comme un oiseau se pose ;
L'horizon garde encor, comme un secret tout rose,
La brume qui prépare un beau temps pour demain ;

Et, tournant vers nos cœurs leur cœur noir et sauvage,
Les tournesols fleuris sont sur notre passage
Pour que nous puissions prendre un soleil dans la main.

PROMENADE À L'OMBRE

On s'aventure à travers champs… on se promène…
On découvre une fleur… on aperçoit un nid…
On rencontre un bourdon… le ciel sent la verveine…
Et la voix du silence a dominé le bruit.

Quel est cet écureuil ? Quelle est cette fontaine ?
Quels sont ces peupliers inconnus ? et voici
Que, dans l'immensité déserte de la plaine,
On a perdu la route et trouvé l'infini.

Ah ! qu'on aille plus loin dans la forêt profonde !
Qu'on aille au bord du soir, qu'on aille au bout du monde,
Cueillir l'immortel fruit de l'arbre surhumain !

Qu'on aille au cœur caché de la nature fraîche !
— Mais voici le poteau qui parle avec sa flèche…
On a perdu le rêve et trouvé le chemin…

SUR UNE ROUTE

Pour connaître la vie, il faut que l'on s'absorbe
Dans l'admiration muette d'une euphorbe[7] ;
Il faut, de temps en temps, que l'on soit réveillé
Par un hanneton lourd tombant sur l'oreiller ;
Il faut avoir connu d'attendrissant dimanches
Qui mènent promener leurs cloches dans les branches,
Peut-être avec l'espoir d'appeler un oiseau ;
Il faut avoir, d'un bord à l'autre du ruisseau,
Marché sur un des ponts flexibles et robustes
Que l'on construit si vite en couchant trois arbustes ;
Il faut avoir senti la sublime douceur
De ces instants où, pour sembler avoir un cœur,
Le paysage prend une voix qu'on écoute ;
Il faut avoir compris, le soir, sur une route
Où pleuvaient les flocons d'un doux arbre fleuri,
Qu'une petite enfant, toute rose, qui rit
Entre deux mufles noirs quatre fois plus gros qu'elle,
Ne marche ainsi que pour nous prouver qu'elle est belle,
Et que rien n'est plus pur, dans des chemins bourbeux,
Que d'avoir les pieds nus en conduisant des bœufs !

---

[7] Euphorbe : plante (euphorbiacée) aux fleurs minuscules réunies en inflorescences ayant l'aspect d'une seule fleur (cyathes), au fruit à trois coques *(Larousse)*.

L'ARBRE

Moi qui n'ai pas un cœur de marbre,
Je m'étais attaché à toi,
Pauvre ami qui n'était qu'un arbre,
Premier voisin de notre toit.

Tu soulevais tes poumons frêles
Entre les buissons et les buis,
N'ayant pour soupir que des ailes,
N'ayant pour prison que les nuits ;

Et tu vivais, si près du fleuve
Et du toit, que tu pouvais bien
Connaître chaque barque neuve
Et voir chaque nouveau chagrin…

Ce soir, quand je suis descendue,
J'ai d'abord entendu des mots.
On disait : « Il cachait la vue…
Le ciel… le clocher… les ruisseaux… »

Et, comme vers ta jeune houppe
Mon regard tout de suite allait,
Je n'ai rien vu qu'un sombre groupe
Qui parlait et gesticulait.

« Bien sûr… il était inutile…
À l'heure où le soleil rougit
On pourra voir jusqu'à la ville…
Tout l'horizon s'est élargi… »

Et je compris l'affreux mystère
De ce complot de jardiniers,
Quand je te vis couché par terre
Dans tes beaux habits printaniers !

＊

Hélas, bucolique platane,
Je n'ai pas pu te relever
Sur cet horizon diaphane[8]
Où tu savais si bien rêver…

Hélas, toi qui ne peux comprendre
Que mal tu faisais aux ruisseaux,
Mon chagrin n'a pas pu te rendre
Ton équilibre et tes oiseaux…

Mais, n'ayant pas un cœur de marbre,
J'ai posé, tremblant jusqu'aux doigts,
Pauvre ami qui n'était qu'un arbre,
Un baiser sur ton front de bois,

Et, sur la montagne légère
Où tu ne pouvais revenir,
J'ai planté, parmi la fougère,
L'arbre bleu de ton souvenir !

---

[8] Diaphane : qui laisse passer la lumière sans qu'on puisse distinguer au travers les objets *(Larousse)*.

LE PETIT BATEAU

On remonte le fleuve… et le petit bateau
Qu'on a choisi, tout neuf, au bord de la rivière,
Semble avoir, dans sa coque, une âme si légère,
Qu'on n'est pas étonné qu'il danse ainsi sur l'eau.

On remonte le fleuve… au bord de la verdure,
On est presque griffé par les feuilles des houx.
On rame… on glisse encore… et, toute la nature
Semble, quand nous glissons, se croiser avec nous.

On remonte le fleuve… au bord de la lumière,
Un doux martin-pêcheur cherche jusqu'à ce soir
Ces alevins pour qui, dit le dictionnaire,
Il nourrit, lui si clair, le projet le plus noir.

On remonte le fleuve… on traverse un village
Rose et si peu moderne avec ses pommiers ronds
Qu'il se met à pousser, pour un bateau qui nage,
Des cris qui font trembler le bois des avirons.

Voici l'heure qui sonne… il faut qu'on redescende.
Une ville apparaît, d'un délice inconnu
Faut-il savoir son nom ? Bah ! le nom qu'on demande,
Ne nous rapproche pas du clocher disparu.

Le jour comme une lampe a pâli sans secousse.
On tourne sur le fleuve... et le petit bateau
Se trouve environné d'une flottante mousse,
Et le batelier dit : « C'est la crème de l'eau. »

On redescend le fleuve en frôlant le rivage…
Un corbeau, qui s'attarde au bord du ciel rosé,
Un instant remplit l'air de son noir bavardage ;
Le rameur dit : « C'est un oiseau qui sait causer. »

On redescend le fleuve… on revoit la lumière…
Elle entre dans la ville ; elle vient sur le bord…
Voici la nuit, Rentrons. Rien d'extraordinaire
Ne viendra plus. Nul cri d'argent. Nulle fleur d'or.

Je reconnais le quai. La mer au ciel ressemble.
Remontons. Mais il faut qu'on me donne la main.
Est-ce l'escalier noir ? est-ce mon pied qui tremble ?
L'espoir est un oiseau qui reviendra demain.

*

On a quitté le fleuve… et le petit bateau
Qu'on a laissé, tout seul, près du débarcadère,
Semble avoir, dans sa coque, une âme si légère,
Qu'on n'est pas étonné qu'il dorme ainsi sur l'eau.

LE GRAND BATEAU

J'ai visité le grand bateau plein de soleil.
J'ai vu l'escalier noir, le radieux cordage,
Les courageux petits canots de sauvetage
Toujours prêts à sauter sur l'océan vermeil.

Des nègres transportaient bagage sur bagage ;
On vendait, sur le quai, le portrait du bateau ;
La fumée annonçait qu'on partirait bientôt,
Car le dernier flocon touche au premier nuage.

Ah ! quel que soit le but et quel que soit le bleu,
Un navire qui part tremble toujours un peu ;
Le pont est plein d'écume et le ciel plein d'alarme ;

Un navire qui part n'a jamais le cœur fort :
A cause d'une vague, il tremble dans le port.
Il tremble dans les yeux à cause d'une larme…

LES DEUX FORÊTS

Lorsque, laissant la vague au bord de la colline,
Laissant au bord du flot le coquillage altier,
Laissant le vent qui monte et le pont qui s'incline
Et même les bateaux venus du monde entier,

Lorsque, laissant la mer et l'escadre marine,
On va vers l'immobile et sylvestre quartier
Où, pour mieux recueillir les pleurs de la résine,
Chaque sapin s'accroche un petit bénitier, —

On voit ces arbres noirs sur un fond de lumière ;
Puis, la lumière avance et, d'un clin de paupière,
On croit voir à présent des arbres de clarté

Dont les vrais pins ne sont qu'un fond lointain et sombre…
Et que fera notre âme entre la flamme et l'ombre
Si déjà nos regards perdent la vérité !

SUR UNE PLAGE

I

Le soleil luit comme un carabe.
Le ciel est aussi bleu qu'hier.
La brise apporte une syllabe.
Un grand oiseau nage sur l'air.

Tracés par les pattes des crabes
Chaque jour sur le sable clair,
Des mots chinois, des mots arabes,
Seront emportés par la mer.

Et, tandis que le mot divague
Et qu'au bord mousseux d'une vague
Deux marsouins jouent sur les eaux,

On marche, en tremblant dans des châles,
Parmi tous ces biscuits si pâles
Que la mer apporte aux oiseaux.

II

Les méduses en cristal bleu,
Que laissent les vagues errantes,
Sont des personnes transparentes
Mais leur cœur ne fait pas d'aveu.

Un peu mortes, un peu vivantes,
Sont-elles de glace ou de feu,
Les méduses en cristal bleu
Que laissent les vagues errantes ?

Quand les varechs nous présentent,
Miroirs bombés et que l'on peut
Voir encor respirer un peu,
Pourquoi sont-elles si tremblantes
Les méduses en cristal bleu ?

III

Le petit front de la sirène
Brille d'un merveilleux secret ;
Sa chevelure d'or qui traîne
Semble un soleil qui la suivrait.

Sur la mer, quand il apparaît
Comme une étoile souveraine,
Le petit front de la sirène
Brille d'un merveilleux secret.

Ah ! sitôt qu'on l'apercevrait,
Comme on vivrait loin de la peine…
Comme on ne vivrait plus qu'à peine…
Mais qui l'a vu ?... qui le connaît ?...
Le petit front de la sirène !

RETOUR AUX CHAMPS

On a quitté la mer. Voici le trèfle rose.
Plus de ces grands oiseaux qui viennent de trop loin.
Voici le cher petit oiseau qui ne se pose
Que sur le télégraphe ou la meule de foin.

Voici les champs. Voici la rivière qui cause
De tout ce qu'on connaît, et qui n'a pas besoin
De partir chaque jour pour savoir quelque chose.
Et voici l'araignée encore au même coin.

Le village charmant est là, dans l'ombre calme.
Voici l'étang avec sa coiffure de palme.
Et voici les canards. Et, le long de l'étang,

Voici les marronniers qui préparent leur sève.
Et voici, sur l'un d'eux même, un morceau de rêve
Que j'avais oublié d'emporter en partant !

L'AUTOMNE

L'automne vient. Déjà le soir
A sa brume sentimentale ;
Les cri-cri taisent leur crotale,
Le martinet jette un cri noir.

Le soleil ne peut plus s'asseoir
Sur un banc ou sur une dalle ;
L'automne vient. Le troupeau pâle
Ne s'endort plus sur le dormoir[9].

Adieu la saison qui parfume…
Dans la sentimentale brume
On se sent un peu froid au cœur ;

Car on sait (et rien ne l'abrège)
Qu'il faudra traverser la neige
Pour retrouver la moindre fleur !

---

[9] Dormoir : lieu de repos, avec de l'ombre et de l'eau, pour les troupeaux *(Littré)*.

LA PREMIÈRE FEUILLE D'AUTOMNE

La première feuille d'automne
Est la moins légère à porter
Pour l'arbre vert qui s'en étonne
Et l'air bleu qui la sent tomber.

Malgré le mal qu'elle se donne
Pour garder sa légèreté,
La première feuille d'automne
Est la moins légère à porter.

Quel est ce vol qui tourbillonne ?
Est-ce, à notre front de clarté,
Le dernier papillon d'été ?
Ou, sur notre âme qui frissonne,
La première feuille d'automne ?...

MAISON À LOUER

La maisonnette parfumée,
Qui respirait au fond des bois,
N'a plus qu'une porte fermée
Depuis les derniers jours du mois.

Plus de bonsoir sous la ramée ;
Plus de bonjour du bout des doigts ;
Plus de petite bien-aimée
Paraissant au balcon des bois.

Un écriteau qui se balance ;
Un souvenir dans le silence ;
Une fumée au bord du ciel ;

Un store oublié qui se penche…
Voilà tout ce qui, sous une branche,
Reste d'un amour éternel !

LE SAULE PLEUREUR

Saule ! Frisson du paysage !
Obéissance au vent du soir !
Rêve penché sur un miroir !
Cheveux qui se croient du feuillage…

Faiblesse qu'un ciel encourage,
Et dont le ciel reprend l'espoir !
Cœur plein d'oiseaux sans le savoir !
Destin qui dépend d'un orage…

Ne serais-tu, Saule pleureur,
Avec cette forme de pleur
Et ce front de mélancolie,

Qu'un portrait à peine ébauché
De notre visage penché
Sur la rivière de la vie ?

PAYSAGE

Un cimetière et des troupeaux,
C'est ce qu'on voit sur l'autre rive.
Les arbres, de verdure vive,
Semblent faits avec des copeaux.

Côte à côte vont les tombeaux...
Un mouton veut qu'un mouton suive...
Un cimetière et des troupeaux,
C'est ce qu'on voit sur l'autre rive.

Ah ! cher village de repos,
Qu'elle est loin, la locomotive ;
Seul, jusqu'à toi, le fleuve arrive ;
Et tu dors, entre une lessive,
Un cimetière et des troupeaux !

LE CIMETIÈRE

Le cimetière est un jardin
Rempli de fleurs et de lumière,
Le jasmin fleurit sur la pierre,
L'oiseau chante sur le jasmin ;

Mais que le désespoir va loin
Dans une âme qui désespère…
Le cimetière est un jardin
Rempli de fleurs et de lumière.

C'est presque la mort, le chagrin !
Et j'ai, parmi l'herbe légère,
Compris l'erreur, l'erreur sans fin :
C'est notre cœur, le cimetière…
Le cimetière est un jardin !

LES PETITS OISEAUX

Que dites-vous, petits Oiseaux du cimetière,
Vous qui chantez autant que les autres oiseaux ?
Vous chantez ! et pourtant vous devriez vous taire,
Ici, où les maisons ne sont que des tombeaux ;

Ici, où les rameaux qui tremblent sur la pierre
Sont des âmes peut-être autant que des rameaux.
Que dites-vous, petits Oiseaux du cimetière,
Vous qui chantez autant que les autres oiseaux ?

Mais, puisque vous chantez ici des chants si beaux,
Qui sait si ce n'est pas, ici, que vit la terre ?
Et qui sait si, là-bas, ce n'est pas, au contraire,
Nos vivantes maisons qui sont les vrais tombeaux…
Qu'en dites-vous, petits Oiseaux du cimetière ?

LE LÉZARD

Sur la roche ardente et déserte,
Le lézard chauffe sa peau verte,
Au moindre bruit mis en alerte ;

Aussitôt qu'on veut l'approcher,
Il est prompt à se décrocher
Pour gagner un trou de rocher ;

Redoutant le passant stupide
Qui, pour s'amuser, le lapide,
Il prend une fuite rapide ;

On voit, rayé d'un brusque éclair,
Le roc, doré du soleil clair ;
Puis, frétille un moment en l'air

Émergeant hors de la crevasse,
Sa queue, elle vibre, dépasse
Une seconde, — et tout s'efface.

Mais, sitôt que s'est tu le bruit,
Il ressort furtif de sa nuit
Pour venir au soleil qui luit ;

Il ressort, l'allure inquiète,
Serpente un moment, puis s'arrête,
Tournant de tous côtés la tête ;

Et son corps grêle, frémissant,
Le long du roc éblouissant,
Il remonte, puis redescend ;

Son petit œil rond et noir glisse,
Sous sa paupière qui se plisse,
Un regard luisant de malice ;

Puis, quittant son air effaré,
Le petit lézard mordoré
S'étend au soleil, rassuré ;

Et, somnolent, béat, inerte,
Sur la roche ardente et déserte,
Il reste à chauffer sa peau verte…

LES CIGALES

Le soleil est droit sur la sente,
L'ombre bleuit sous les figuiers ;
Ces cris au loin multipliés,
C'est midi, c'est midi qui chante.

Sous l'astre qui conduit le chœur,
Les chanteuses, dans l'herbe glauque,
Répètent leur petit cri rauque
De quel infatigable cœur.

Les cigales, ces bestioles,
Ont plus d'âme que les violes[10] ;
Les cigales, les cigalons,
Chantent mieux que les violons !

*

S'en donnent-elles, les cigales,
Sur les tas de poussière gris,
Dans les oliviers rabougris
Aux imperceptibles fleurs pâles.

Et, sur les euphorbes aussi
Agonisant sur la pierraille,
C'est encor leur voie qui s'éraille,
Dans le pauvre gazon roussi.

---

[10] Viole : instrument à cordes frottées, comportant des frettes sur son manche, de l'ancien provençal *(Larousse)*.

Les cigales, ces bestioles,
Ont plus d'âme que les violes ;
Les cigales, les cigalons,
Chantent mieux que les violons !

＊

Et quand, vers le soleil qui monte
À travers les airs embrasés,
Les cigales, cœurs épuisés,
Ne chanteraient plus pour leur compte, —

D'un chant que rien ne fait finir,
D'un désespoir que rien n'arrête,
Chacune semble l'interprète
De chacun de nos souvenirs…

Les cigales, ces bestioles,
Ont plus d'âme que les violes ;
Les cigales, les cigalons,
Chantent mieux que les violons !

LA GRENOUILLE

La grenouille chante au bord de l'étang,
Qui, sous un rayon de lune, tremblote ;
Dans le crépuscule où du rêve flotte,
C'est un chant très doux et très attristant.

C'est un chant très doux et très attristant
Qui monte, — toujours une même note ;
Sur l'eau qui se moire et qui paillote,
Le roseau fluet penche en chuchotant.

Le roseau fluet penche en chuchotant,
Et la mare aux grands nénuphars clapote ;
La lune, ce soir, est un peu pâlotte…
C'est un chant très doux et très attristant.

C'est un chant très doux et très attristant
Qui monte, — toujours une même note ;
Dans le crépuscule où du rêve flotte,
La grenouille chante au bord de l'étang.

LES CANARDS

Ils vont, les petits canards,
Tout au bord de la rivière,
Comme de bons campagnards.

Barboteurs et frétillards,
Heureux de troubler l'eau claire,
Ils vont, les petits canards.

Ils semblent un peu jobards[11],
Mais ils sont à leur affaire
Comme de bons campagnards

Dans l'eau pleine de têtards,
Où tremble une herbe légère,
Ils vont, les petits canards.

Marchant par groupes épars,
D'une allure régulière
Comme de bons campagnards ;

Amoureux et nasillards,
Chacun avec sa commère,
Comme de bons campagnards
Ils vont, les petits canards !

---

[11] Jobard : qui est très naïf, facile à tromper *(Larousse)*.

L'ABEILLE

Le savant gribouri[12], qu'on nomme « secrétaire »,
Sait écrire son nom sur la vigne du mur ;
La fourmi fait courir des couloirs sous la terre ;
Le papillon construit des chemins dans l'azur ;
L'immense capricorne, au bord d'une prairie,
Semble conduire un char vers un but irréel…
Mais, puisant dans les fleurs de quoi nourrir la vie,
 C'est l'abeille qui fait le miel.

✳

Le calosome[13] vert à des corsets d'infante ;
Le notonecte[14] obscur peut nager sur le dos ;
La phillie[15] est pareille à la feuille naissante ;
La libellule valse en passant les ruisseaux ;
Le carabe[16] est en or, la chenille en peluche ;
La sauterelle va s'asseoir au bord du ciel…
Mais, puisant dans les fleurs de quoi nourrir la ruche,
 C'est l'abeille qui fait le miel.

✳

---

[12] Gribouri : nom vulgaire de l'eumolpe de la vigne, dit aussi coupe-bourgeon et bêche *(Littré)*.
[13] Calosome : beau carabe du monde entier, aux couleurs métalliques *(Larousse)*.
[14] Notonecte : punaise aquatique des mares, capable de nager sur le dos, et dont la piqûre est très douloureuse *(Larousse)*.
[15] Phillie, phyllie : insecte chéleutoptère ressemblant à une feuille *(Larousse)*.
[16] Carabe : grand coléoptère carnassier aux longues pattes, aux formes élancées, coureur rapide, des régions tempérées *(Larousse)*.

On voit jusqu'à dix fois sauter le corymbite[17] ;
En sautant le criquet nous jette un éclair bleu ;
La mante sait prier comme une carmélite ;
La coccinelle rouge est la fille de Dieu ;
Le ver luisant, dans l'herbe, est une étoile brève ;
L'étoile est, dans l'azur, un lampyre[18] éternel...
Mais, puissant dans les fleurs de quoi nourrir le rêve,
C'est l'abeille qui fait le miel !

---

[17] Corymbite : insecte coléoptère *(Dictionnaire latin)*.
[18] Lampyre : insecte coléoptère (lampyridé) dont la femelle est lumineuse (ver luisant)*(Larousse)*.

LA BICHE AU BOIS

Les chasseurs sont absents ; la triste voix du cor
N'est plus, au fond des bois, qu'un écho de fanfare ;
Plus de galop brutal, de cheval qui s'effare,
Cassant les églantiers qui fleurissaient encor.

Pour le faisan qui veille et la grive qui dort,
C'est une douce trêve où le bonheur répare ;
Adieu la vérité de la chasse barbare :
La fable bienfaisante a repris le décor.

Entre les églantiers tout pavoisés[19] de roses,
Le cerf a des yeux d'or qui regardent les choses,
Et la biche est si féminine que, parfois,

On croit qu'elle n'est pas une biche sans cesse,
Et que, la nuit peut-être, elle est cette princesse
Qui, le jour seulement, devenait biche au bois.

---

[19] Être pavoisé : être orné de drapeaux *(Larousse)*.

LE DERNIER PAPILLON

Quand ne chante plus le grillon
Et qu'on est avant dans l'automne,
Quelque matin gris l'on s'étonne
De voir un dernier papillon.

Plus d'or, d'azur, de vermillon ;
Son coloris est monotone ;
La cendre dont il se festonne
Se mêle au sable du sillon.

D'où vient-il ?... et par quelle porte ?...
Est-ce parmi la feuille morte,
Le seul des papillons vivants ?

Ou, parmi la neige vivante,
La petite ombre transparente
D'un papillon mort au printemps ?

LE CRAPAUD

Perdrix dont le cœur se tracasse
En longeant le pré de colza,
Aronde[20] dont le chant se casse
Sitôt que le vol se posa,

Lézard dont le rayon traverse,
Vert, le mur des abricotiers,
Colimaçon des jours d'averse,
Rose, au bord de tous les sentiers ;

Nous connaissons votre manière
De vivre, enfantine et légère,
Mais vous, Crapaud, toujours si vieux,

Est-ce qu'une année entière
Vous demeurez dans une pierre
Avec du soleil dans les yeux ?

---

[20] Aronde : hirondelle *(Larousse).*

74

LE ROITELET

Dans un grand arbre, un roitelet
Chante sa chanson la plus pure…
L'arbre semble un cœur qui parlait.
Et le chant semble une verdure.

Est-ce, dans l'eau d'un ruisselet,
Le sceptre ou la branche qui dure ?
Dans un grand arbre, un roitelet
Chante sa chanson la plus pure.

C'est un soir presque violet
Ou l'on donne, d'un cœur parfait,
Tant d'importance à la nature
Que l'on confondrait, je vous jure,
Un roi avec un roitelet !

LE PINSON

À qui parle-t-il, le pinson,
Lorsqu'il dit : « Vite...vite... vite... »
À la journée ? à la saison ?
Au cœur d'or de la marguerite ?

Veut-il dire qu'on a raison
De prendre l'instant qui palpite ?
À qui parle-t-il, le pinson,
Lorsqu'il dit : « Vite...vite... vite... »

Est-ce la mort dans le buisson,
Ou l'amour, qui conduit le rite ?
Vers qui lance-t-il cette invite ?
Est-ce à quelqu'un de la maison...
À qui parle-t-il, le pinson ?

MADAME LA PIE

Madame la Pie, on vous salue.
Ne nous faites pas les mauvais yeux ;
Vous qui voyagez si bien vêtue
De noir et de blanc, sur les ciels bleus.

Dès que vous marchez sur la laitue,
Tout le paysage est anxieux ;
Madame la Pie, on vous salue,
Ne nous faites pas les mauvais yeux.

Ah ! quand vous parlez, parmi la nue,
Quel sort jetez-vous aux amoureux ?
Est-ce d'aimer moins ? ou d'aimer mieux ?
Et quel est, des deux, celui qui tue…
Madame la Pie, on vous salue.

LA TORTUE

Tortue, ô ma petite sœur,
Moi je sais que tu suis un rêve,
Dans le gazon gonflé de sève,
Dans le jardin qui sent la fleur.

Tous ceux qui n'ont qu'une âme brève
N'ont découvert que ta lenteur ;
Tortue, ô ma petite sœur,
Moi, je sais que tu suis un rêve.

Sous l'inoubliable lourdeur
De cette écaille, que soulève
Le rythme d'un trop faible cœur,
Tu rêves d'un monde meilleur,
Tortue, ô ma petite sœur !

L'HIRONDELLE

Je marchais… je cherchais quelque doux raccourci
Pour, au clocher voisin, arriver la première.
Le vieux berger, au front plus jaune qu'un souci,
M'a dit que je suivais une rose trémière :

« Ne prenez pas par là… et prenez par ici…
Ici, c'est le chemin… là-bas, c'est la rivière… »
Mais, plus vive que moi et semblant comme un cri
S'élancer de mon cœur et du cœur de la terre,

L'hirondelle dit au berger :
« Ah ! qu'importe de voyager
Par l'onde ou parmi les luzarches ;

Tout élan conduit aux lumières…
Et Pascal a dit : les rivières
Ne sont que des chemins qui marchent ! »

LES LUCIOLES

Dans l'air qui monte jusqu'au toit,
À gauche, à droite, — ce sont elles !
Et l'on s'imagine qu'on voit
Des étoiles avec des ailes.

Dans l'obscurité du jardin,
À gauche, à droite, des allées,
Les voyant, on croit voir soudain
Des émeraudes envolées.

Dans l'obscurité d'un beau soir,
À gauche, à droite, elles abondent ;
Et le gazon semble un miroir
Où les vers luisants leur répondent.

Dans l'obscurité des bosquets
Elles volent, vives et folles ;
Et ce seraient des feux follets
Si ce n'étaient des lucioles !

Elles volent !... mais, que soudain
Dans l'obscurité éblouie
Du soir, du bois, ou du jardin,
Tombent quelques gouttes de pluie,

Dans l'obscurité brusquement
Il n'y a plus que l'eau qui tombe :
Plus d'astre… plus de diamant…
La brise n'est plus qu'une tombe ;

Le bruit d'averse augmente encor
La tristesse à présent qui rôde :
C'est fini de tous les points d'or !
Plus d'étoile… plus d'émeraude…

Et dans la nuit qui va venir,
À gauche, à droite, sous l'ondée,
Il ne reste qu'un souvenir
De la luciole envolée…

. . . .

Dans l'obscurité de nos cœurs,
À gauche, à droite, des paroles,
Ne tombe-t-il pas trop de pleurs
Pour qu'il y ait des lucioles ?

LES ARAIGNÉES

Dans tous les vieux coins, dans tous les coins noirs,
    Où l'ombre se tasse ;
Aux plafonds fumeux des tristes manoirs,
    Que l'âge crevasse ;

Aux angles aussi des anciens bahuts,
    Des vieilles armoires,
Qu'emplissent des ans passés les rebuts
    Et les vieux grimoires ;

Araignée, ô toi qui tends le matin
    Tes toiles chagrines,
Araignée, hélas, quel est le chagrin
    Que tu nous destines ?

*

Dans tous les vieux coins des sombres volets,
    Privés de lumière ;
Au plafond de ce tout petit palais
    Qu'est une chaumière ;

Dans le coin d'un bois, dans le bois d'un feu,
    Dans un creux de branche ;
Dans un tas de foin ; partout où l'on peut
    Mettre une croix blanche ;

Araignée, ô toi qui tends vers midi
    Tes toiles bizarres,
Araignée, hélas, quel est le souci
    Que tu nous prépares ?

*

Dans chaque vieux coin et chaque recoin
　　　　Du jardin sans lune ;
Au fond de ce puits où tout juste à point
　　　　Passa la fortune ;

Aux miroirs des murs, à ceux du parquet
　　　　Où l'heure se mire ;
Au bout d'un long fil, au bord d'un bouquet
　　　　Que le cœur respire ;

Araignée, ô toi qui viens vers le soir
　　　　À travers les portes,
Dis vite, Araignée, ah ! quel est l'espoir
　　　　Que tu nous apportes ?

LA LEÇON DE L'ARAIGNÉE

Le printemps arrange les choses
Avec un désordre croissant…
Le jardin, qui comptais ses roses,
Les compte maintenant par cent.

J'ai posé, sur le banc de marbre,
Un livre que je lis parfois ;
Et, sur ma tristesse, un grand arbre
Est le plus doux de tous les toits

Le soleil à travers le hêtre,
Glisse sur les gazons pâlis ;
Et les fleurs parfument, peut-être,
Les mots du livre que je lis.

Un insecte aux ailes de cuivre
S'est arrêté sur un lys noir ;
Et les mots, peut-être, du livre
Parfumeront les fleurs du soir.

Le ciel, d'une légère étoffe,
Sous la brise a tremblé soudain ;
Le livre est d'un grand philosophe,
Les fleurs sont d'un petit jardin.

Et je dis : « Ô Fleur immortelle
Pouvez-vous jurer, d'un front bleu,
Que l'être humain se renouvelle
De tout bien dont il meurt un peu ? »

Et je dis : « Ô Philosophie
Pouvez-vous jurer, d'un front las,
Que l'être humain se fortifie
De tout mal dont il ne meurt pas ?

Et, quand mon cœur se décourage,
Viendra-t-il le mot que j'attends,
Du blanc feuillet, du vert feuillage…
De l'écriture ? ou du printemps ?

— Non ! me répondit sur ma tête
Une voix fine comme un fil,
« Non, ce n'est pas la violette
Ni le raisonnement subtil

Qui sauront, dans cet air suave,
Mettre un futur sur un passé :
La philosophie est trop grave,
Les fleurs ne le sont pas assez.

Si ton cœur au printemps se brise,
J'en connais toutes les raisons.
C'est moi, la fée en robe grise…
C'est moi, l'aiguille des saisons !

Je descends jusqu'au banc de marbre
Par un fil d'ombre et de clarté,
Et je viens du sommet de l'arbre
Pour t'apporter la vérité :

Lorsqu'on veut qu'une toile monte
Sous le ciel d'octobre ou d'avril,
Il faut que le cœur se raconte
Et ne pas regarder le fil.

Pour composer la moindre trame
Sous tant de ciels déconcertants,
Il faut dilapider son âme
Et ne pas regarder le temps.

Ah ! crois en la pâle araignée
Qui remonte avec son fil noir,
Ce qui fait vivre la journée
Ce sont les étoiles du soir ! »

LA COCCINELLE

Près de la fenêtre entr'ouverte,
Tandis que j'écrivais hier soir
Parmi l'odeur, l'odeur si verte,
Qui monte du jardin si noir ;

Tandis que, par plaintes égales,
Dans le gazon mouillé de nuit,
La fine chanson des cigales
Montait comme une herbe de bruit ;

Tandis que je rêvais, peut-être ;
Tandis que, fronçant les sourcils,
Je cherchais vainement à mettre
Le soir vague en des mots précis ;

Minuscule, rouge et bombée,
Et venant du pays des foins,
Sur ma page claire est tombée
Une coccinelle à sept points.

*

Elle tomba, brusque et jolie ;
Et, comme elle tombait de haut,
Elle en était toute étourdie…
De même que Manon Lescaut.

Le quart du quart d'une seconde
Dura cet étourdissement,
Et le plus simplement du monde,
Elle reprit le sentiment.

Elle ne cria pas : « Où suis-je ? »
Avec un œil qui s'affolait,
Et, pour dissiper son vertige,
N'arracha pas son corselet[21] ;

Mais elle sut, hors de panique,
Vite se réarticuler,
Comme un doux objet mécanique
Dont on a retrouvé la clef.

Luisant de reflets écarlates
Sous le rond d'or de l'abat-jour,
Au petit pas de ses six pattes
Elle se mit à faire un tour,

Traça des lignes et des cercles,
Esquissa même un avant-deux[22],
Levant, ainsi que deux couvercles,
Son dos qui se sépare en deux ;

Et, fins pétales de dentelle
Bien repliés dans un coffret,
On voyait paraître ses ailes
Chaque fois que son dos s'ouvrait !

✻

---

[21] Corselet : vêtement de femme, porté sur la chemise ou le corsage, sans manches ou à manches courtes, parfois ouvert devant et souvent fermé par un laçage *(Larousse)*.

[22] Avant-deux : en chorégraphie, deuxième figure du quadrille ordinaire *(Encyclopaedia Universalis)*.

Elle fit, sur mon écritoire,
Un voyage très varié ;
Elle contourna la mer Noire
Sur le rebord d'un encrier ;

Sur un presse-papier de verre
Elle escalada le Mont Blanc ;
Et, dans le brin de capillaire
Qui d'un bouquet pendait tremblant,

Elle put se croire sans doute
Parmi les profondeurs d'un bois :
Trois fois elle y perdit sa route,
Elle dut la retrouver trois fois.

Elle en partit comme on se sauve ;
Un instant, tournoya dans l'air ;
Elle tomba, sur le sable fauve,
Juste au milieu d'un grand désert.

Ce désert en miniature,
C'était, dans la sébile[23] en buis,
La poudre à sécher l'écriture…
Elle en sortit vaillamment ; puis,

Grâce aux mordorures splendides
D'un pot de colle à bouchon d'or,
Sur le dôme des Invalides
Elle fit quelques pas encor.

---

[23] Sébile : récipient en forme de coupe peu profonde où les mendiants recueillaient les aumônes *(Larousse)*.

Elle avait l'air d'un touriste,
À l'infatigable tourment,
Qui seule, sans guide et sans liste,
Visite chaque monument.

Chaque perspective inconnue
La ravissait comme un bonheur ;
Pour regarder les points de vue,
Elle montait sur la hauteur ;

Et sa course était si fuyante,
Son voyage si furieux,
Que malgré sa robe voyante,
Parfois je la perdais des yeux.

Un instant, n'ayant pu la suivre
Autour du manche d'un cachet,
Je crus, dans un étui de livre,
Que, peureuse, elle se cachait ;

Soudain je la vois sur la pointe
De mon porte-plume d'acier
Et, la patte à la patte jointe,
Voici qu'en somme elle s'assied.

Sans bouger la main, je l'inspecte
Et je l'admire de tout près :
Rien n'est joli comme un insecte,
Douceur qui ne fait pas exprès ;

Perle qui brode la nuit triste
Entre le soir et le matin ;
Âme qui semble une améthyste ;
Rubis qui possède un destin ;

Minute qui s'ajoute une aile ;
Battement de cœur du mois d'août…
Je regardais la coccinelle :
Elle ne bougeait plus du tout

Et d'une pensée infinie,
Je comprenais, la regardant,
Qu'une toute petite vie
Est quelque chose de très grand !

✳

Juste à ce moment, tout le lierre
Fut noir avec des cris si forts,
La sérénade cigalière
Monta si pure du dehors.

Le frémissement de la brise
Courut avec tant de douceurs
De la tête au pied du cytise,
L'acacia, raisin des fleurs,

Secouant sa grappe nouvelle
Apporta si bien le jardin
Jusqu'à la tendre coccinelle,
Que je crus la voir fuir soudain…

Mais, indifférente à l'effluve
De l'air qui venait la chercher,
Elle apercevait le Vésuve
Et désirait s'en approcher ;

Et, restant le temps sur ma tempe
De murmurer : « Qu'est-ce que c'est ? »
Elle s'élança vers la lampe
Dont la flamme l'éblouissait.

Hélas ! elle comprit le risque,
Et que le verre était trop chaud…
De l'incandescent obélisque,
Elle sauta sur le bureau ;

Alla, mais n'y demeura guère,
Car elle y perdait son aplomb,
Parmi les gros boulets de guerre
Qui pour nous sont des grains de plomb ;

Elle explora deux livres : Dante
(L'Enfer), et Michelet (l'Oiseau) ;
Faillit trébucher, l'impudente,
Entre les pointes d'un ciseau ;

Se noya presque dans un vase
Pour voir de plus près un œillet ;
Revint examiner la phrase
Qui s'étalait sur mon feuillet ;

Promena longuement sa bouche
Sur l'encre de mon papier bleu,
Mettant dans mes pattes de mouche
Ses pattes de bête à bon Dieu ;

Enfin, ayant, ronde et légère,
D'un bout de table à l'autre bout,
Tracé des mots sur la poussière
Et vivement marché sur tout ;

Ayant, minuscule et ravie,
Dans ce voyage merveilleux
Manqué trois fois perdre la vie,
Par le fer, par l'eau, par le feu,

Elle regagna les dentelles
Vacillantes des blancs rideaux,
Quatre fois projeta ses ailes
Et les replia sur son dos ;

Puis, ayant supprimé ses pattes,
Elle leva complètement
Ses deux élytres écarlates,
Hésita, frémit un moment…

Et soudain, vite, vite, vite,
Par la fenêtre s'envola,
Emportant, elle si petite,
Mon grand rêve de ce soir-là !

LE JARDIN VIVANT

Quand je n'étais encore au monde qu'une enfant
Qui vivait au jardin et croyait au feuillage,
J'allais souvent revoir, dans un jardin vivant,
Tous ces perroquets bleus qui font tant de tapage.

Je suivais, sur le bord d'un ruisseau palpitant,
Le canard mandarin, cet arc-en-ciel qui nage ;
Et, lorsque je tendais du pain à l'éléphant,
Je lui tendais mon cœur encor bien davantage.

Le singe était partout ; l'ours était dans un coin ;
Sur un petit rocher méditait le pingouin ;
Le monde était absent du rêve qui m'effleure.

Je respirais un chant. Je comprenais un cri.
Et puis, je rapportais quelque lilas fleuri…
Et je n'ai pas beaucoup changé depuis cette heure !

SILENCE

Le silence parle très bien.
Il parle aussitôt qu'on l'écoute.
Et sa voix fraîche, goutte à goutte,
Va jusqu'au fond du cœur humain.

Tandis que le bruit, grelot vain,
Attriste infiniment la route,
Le silence, comme une voûte,
Couvre de fleurs tout le chemin.

Ah ! qu'il soit béni le jardin,
Où, dans le charme d'un jasmin
Et d'une invisible présence,

On garderait à son côté,
Pour musique et pour vérité
La solitude et le silence !

SOLITUDE

Au fond, je suis faite vraiment
Pour l'éternelle solitude :
Un moment de rêve, un moment
De jardin, un moment d'étude ;

Faite pour vivre, au fil des jours,
Entre l'étoile et la fontaine,
Car les gens arrivent toujours
À me faire, un jour, de la peine.

Le caractère de mon cœur
S'entend mieux avec une fleur,
Et la rose est ma seule amie ;

Car jamais, pendant tout l'été,
Son parfum ne m'a raconté
Les médisances de l'ortie !

MEA CULPA

J'ai suivi tous les jeux fantasques
Du soleil interstitiel ;
J'ai vu le ciel, j'ai vu les masques
Des nuages cachant le ciel ;

J'ai goûté par mon âme ouverte
L'ineffable fraîcheur de l'air ;
J'ai respiré cette odeur verte
Plus forte qu'il fait moins clair ;

J'ai palpité lorsque palpitent
Les nuits aux paupières de feu ;
J'ai laissé des lignes écrites
Pour la ligne du lointain bleu ;

J'ai, prenant l'étoile pour lampe
Et pour livre tout le gazon,
Infiniment posé ma tempe
Sur l'épaule de la saison ;

J'ai fui la voix de la sagesse,
Pour écouter au fond des bois,
Le ruisseau qui s'en va sans cesse
Et la mer qui revient deux fois ;

J'ai préféré, d'un cœur fidèle,
L'araignée à tous les fuseaux,
La fauvette au violoncelle,
Les paysages aux tableaux ;

Un jardin me semblait immense !
J'ai, toujours, d'un cœur ingénu,
Quitté l'arbre de la science
Pour le premier pommier venu !

*

J'ai fait tout cela : j'ai fait pire !
Chaque fois qu'un rayon vermeil
Venait réveiller mon sourire,
J'ai crié « Bonjour » au soleil ;

J'ai souvent poussé la fenêtre
Pour remettre aux mains de la nuit
Un pauvre insecte qui, peut-être,
Demandait à rentrer chez lui ;

J'ai sauvé, guirlandes fanées,
Moineaux poursuivis par le vent,
Faibles espoirs, fines fumées…
Tout ce que j'ai pu de vivant ;

J'ai rallumé mille lumières,
Réveillé mille échos fleuris ;
J'ai détraqué des souricières
Pour faire échapper des souris ;

J'ai donné parmi les feuillages
De l'importance aux vers luisants ;
J'ai mis des fleurs sur des corsages ;
J'ai souri d'avoir quatorze ans ;

J'ai couru d'un cœur qui se brise,
Vers l'infini qu'on aperçoit,
Et mes longs cheveux, dans la brise,
Couraient aussi derrière moi !

＊

Quand le printemps parle à voix haute,
Mes yeux ne voient que par les siens :
Ce n'est pas ma très grande faute !
Car, depuis que je me souviens,

Depuis que sur l'herbe irisée
J'ai connu le premier pavot,
Mon âme était toujours grisée
D'un rêve ou d'un arbre nouveau !

Jamais le soir je n'étais lasse
De respirer un oranger ;
Jamais le hanneton qui passe
Ne me semblait un étranger ;

La branche, l'insecte qui brille,
Les oiseaux, les ruches de miel,
Me semblaient comme une famille
Que j'avais, du côté du ciel…

Et, dans le miracle des choses
Qui bouleversaient la saison,
Je me croyais la sœur des roses
Dont je portais presque le nom !

RITOURNELLES

RITOURNELLE

Rien qu'en chantant la ritournelle,
Voici le cœur à l'unisson ;
Rien qu'en écoutant le pinson,
Voici venir la tourterelle ;

Rien qu'en entrant dans la chapelle,
Voici les mots de l'oraison ;
Rien qu'en chantant la ritournelle,
Voici le cœur à l'unisson ;

Rien qu'en respirant le buisson,
Voici fleurir la fleur nouvelle.
Il ne se perd pas un frisson…
Et l'on retrouve la chanson
Rien qu'en chantant la ritournelle !

LA CHANSON DU MONDE

(ANCIENNE LÉGENDE)

Jupiter, un jour que le temps était parfait,
Dit aux humains : « Le vieux monde est votre héritage :
Je veux vous le donner. Faites-en le partage. »
Et, fraternellement, le partage fut fait.

Le laboureur aux mains calleuses prit la terre ;
Le chasseur prit les bois, la plaine et le ravin ;
Le pêcheur prit les mers, le lac et la rivière ;
Le buveur prit la treille et les grappes de vin ;
L'usurier prit l'argent et l'or dans ses mains viles ;
Le roi barricada les routes et les villes ;
Et le peintre prit l'arc-en-ciel ; et les amants
Prirent tous les oiseaux et les fleurs du printemps.

Chacun vivait heureux : l'un fou, et l'autre sage,
Quand le poète vint prendre part au partage.
« Hélas », fit Jupiter en fronçant le sourcil,
« Hélas, j'ai tout donné, par là et par ici ;
Je n'ai plus rien pour toi : pas même un paysage !
Mais où donc étais-tu ? — J'étais dans un nuage… »
Et, comme le rêveur aux regards vagabonds
S'en allait, n'ayant eu qu'une larme pour geste…
Jupiter s'écria : « À propos, il me reste
Encor mon ciel ! Veux-tu que nous le partagions ? »

LA CHANSON DU SILENCE

Mutus, pâle dieu du silence,
Vivait au palais du destin
Mais le bruit du monde, la danse,
Et le combat, et le festin,
Arrivaient jusqu'à son lointain…
Et ce dieu, qui rêve et qui pense,
Disait : « Comment, quand tout est vain,
Ne pas préférer le silence ? »

Un soir, sur sa tempe pâlie,
Ayant bien ajusté le noir
Masque de la mélancolie,
Il vint dans nos villes s'asseoir.
Il entendit notre éloquence,
Notre éphémère boniment…
Et toujours il disait : « Comment
Ne pas préférer le silence ? »

Il partait, n'ayant pu comprendre ;
Quand, dans un bois bordé d'œillets,
Il entendit, il crut entendre,
Deux voix ensemble qui parlaient :
« Je ne vis que de ta présence…
— Je mourrais de ton abandon…
— Ah ! » dit Mutus, « il y a donc
Des mots plus beaux que le silence ! »

LA CHANSON DU MYSTÈRE

Au clair du doux soleil de juin,
Dans le fond d'un jeune jardin
Ou d'un vieux par, on peut soudain
M'apercevoir par la persienne ;
Il suffit d'un rien : il suffit
D'un silence après un récit,
D'un doigt posé sur un sourcil,
     Pour que je vienne !

Au clair de la lune, il me plaît
De chanter le second couplet,
Quand tu chantas, Rossignolet,
Le premier, de ton gosier leste ;
Il suffit d'un rien : du frisson
Que met au bout d'une chanson
Un point d'interrogation,
     Pour que je reste !

Au clair des étoiles, parfois,
Qui fait si bleu le bord des toits,
Je m'endors au coin d'un vieux bois
Entre les branches que j'écarte ;
Mais, hélas, il suffit d'un rien :
D'un écho qui répond trop bien,
Ou d'un passant sifflant son chien,
     Pour que je parte !

LA CHANSON DU NUAGE

Fait de brouillard et de lumière
Entre le matin et le soir,
Lorsqu'il se penche sur la terre
Le nuage n'est qu'un miroir.

Il voudrait bien, lorsqu'il se penche,
Être peuplé infiniment
De fleur rose, de verte branche,
D'un mot, d'un cœur, d'un sentiment ;

Il voudrait qu'une onde l'enivre
D'un ruisseau bleu comme un saphir,
Il voudrait, ce nuage, vivre
D'un projet ou d'un souvenir ;

Il voudrait, charmante souffrance
Dont il embellirait le jour,
Voir passer sur sa transparence
L'ombre fatale de l'amour !

Mais hélas, brouillard et lumière
Entre le matin et le soir,
Lorsqu'il se penche sur la terre
Le nuage n'est qu'un miroir :

Et, dès qu'un divin paysage
Monte à son cœur aérien,
Voici qu'il passe, le nuage...
Et c'est un autre qui revient !

CHANSON À QUATRE VOIX

« Je fais danser au jour levant
Mon pied rose sur la fougère,
Cependant l'on ne m'aime guère
Et l'on me chasse bien souvent ;
Modeste dans ma nudité,
Comme aux fables de La Fontaine
Je sors de l'eau d'une fontaine…
— Qui donc es-tu ? — La vérité. »

✳

« Moi, je protège l'églantier,
Je frissonne avec la tempête,
Et je supporte sur ma tête
Le soleil tout un jour entier ;
Puis je penche mon âme éclose
Comme aux ballades de Ronsard
Craignant toujours qu'il soit trop tard…
— Qui donc es-tu ? — Je suis la rose ! »

✳

« Et moi, qui vient de tout là-bas
Ou de tout près sans qu'on y pense
Je ne suis qu'un désordre immense
Où traîne une odeur de lilas ;
On vit pour moi. Et puis un jour,
Comme au sonnet de Baudelaire
On prétend mourir pour me plaire…
— Qui donc es-tu ? —Je suis l'amour ! »

LE SOMMEIL

Tout s'endort à son tour : le nuage et la branche ;
La fleur, à l'instant même où respire le fruit ;
La semaine, aussitôt que sonne le dimanche ;
L'été, pendant l'hiver ; le jour, pendant la nuit ;

Le soleil, sur un lac ; et, l'oiseau, sur un arbre ;
Le grand tigre doré, sur le sable trompeur ;
L'ombre, dans un cyprès ; la blancheur, dans un marbre ;
Tout s'endort à son tour : le rêve et le rêveur ;

L'avenir, dans un mot ; le passé, dans un livre ;
Et, dans le jeune corps qui continue à vivre,
L'âme, vieille déjà, peut parfois s'endormir…

Puis, elle se réveille !... et, d'un sursaut de flamme,
Elle voit ce qu'a fait le pauvre corps sans âme…
Et, du cri qu'elle pousse, on peut très bien mourir !

LE JARDIN

Olympio pleurait parmi le paysage,
Parce que les rameaux lui rappelaient soudain
D'immenses papillons dans de petites mains
Et d'éclatants cheveux dans le sombre feuillage.

Tout son cœur se brisait, bien plus triste que sage,
Parmi le paysage où ne vivait plus rien
Car l'ombre n'avait pas retenu le dessin…
Et l'écho n'avait pas retenu le langage.

Ah ! sur un jardin bleu parfumé de glaïeul,
Sur un parc déchirant où l'on revient tout seul,
C'est triste de pleurer tout le passé qui tremble ;

Mais, frisson progressif de notre cœur si court,
Je crois que c'est beaucoup plus triste pour l'amour
De pleurer sur un parc où l'on revient ensemble !

L'AMOUR

On peut, dans un amour, garder la foi profonde,
La volupté du soir et la fraîcheur du jour :
Mais ce n'est qu'au début magique de l'amour
Qu'on est réellement tous les deux seuls au monde.

On peut garder l'étoile et l'oiseau qui prélude
Et le jardin qui tremble au bruit vert du râteau :
Mais la miraculeuse et double solitude,
Hélas, le temps jaloux nous la reprend bientôt.

Et, bientôt, sur la route adorable et profonde,
Où l'on allait vraiment tous les deux seuls au monde,
On s'arrête… on entend d'autres pas… d'autres voix…

Et c'est, remplissant l'air d'un écho qui déchire
Et murmurant des mots qu'aucun mot ne peut dire,
Le couple des amants que l'on fut autrefois !

LA TENDRESSE

Miraculeux printemps dont l'automne est si triste,
Le plus beau sentiment, non, ce n'est pas l'amour ;
Pas l'amour faible et fou, l'amour aveugle et sourd,
Fermant autour de lui sa guirlande égoïste.

Ce n'est pas le respect aux bagues d'améthyste ;
Ni le rêve, laissant ses longs cheveux flotter ;
Ni l'amitié, qui veut la réciprocité,
Ni l'estime, tenant son implacable liste.

Mais Tendresse, c'est toi ! toi que rien ne ternit.
C'est toi. Tu prends à tous le bouquet de tes charmes ;
L'amour te donne une âme et l'amitié des larmes ;

Tu rajeunis l'instant pour qu'il soit infini…
Et, dans cet instant-là, le cœur, à ce point tremble,
Qu'il sait rire et pleurer et mourir tout ensemble !

IL FAUT AIMER

Il faut aimer le soir, l'aurore au talon rose,
Le manteau du mystère et le front du hasard,
Le sentier escarpé que monte un pied d'isard,
L'inaccessible fleur ou la neige se pose.

Il faut aimer aussi le mur et le lézard,
Le banc familier et la plus simple chose ;
Il faut aimer la brise, il faut aimer la rose,
Il faut aimer la rose et les vers de Ronsard.

Il faut aimer encor l'eau transparente et belle
Qui sur la berge vient aussitôt qu'on l'appelle,
Et l'arbre qui s'efface à la pointe des monts ;

Il faut aimer le jour, le lendemain, la veille,
Le nid du rossignol, la ruche de l'abeille…
Il faut aimer surtout ceux-là que nous aimons !

LE PALAIS

Quel malheur qu'il n'y ait pas, dans une prairie,
Un grand palais bleuâtre au clocher argentin
Qui, dans la solitude éternelle et fleurie,
Pourrait s'intituler : « La Banque du Destin. »

Lorsque viendrait, avec sa couronne de feu,
L'heure où l'on veut vraiment mourir pour ce qu'on aime,
Dans l'élan éperdu d'une course suprême
On n'aurait qu'à courir vers le grand palais bleu.

Et, les yeux tout brûlants du sacrifice tendre,
On s'écrierait : « Ma vie à moi, je viens la vendre,
Pour assurer d'un autre cœur le battement ! »

Mais, hélas, ce palais n'est pas dans la prairie…
Et, ceux pour qui cent fois on donnerait sa vie,
On leur fait quelquefois de la peine en vivant.

RONDES

I

Les premiers refrains de la vie,
Qu'on chantait d'une voix d'enfant,
Ont une musique infinie
Qui reste dans un cœur battant,

Un peu plus tard, on les oublie ;
Beaucoup plus tard, on les reprend,
Les premiers refrains de la vie
Qu'on chantait d'une voix d'enfant.

Ô source de mélancolie
Qui fait de nos pleurs un torrent,
Daigne parfois, je t'en supplie,
Nous redonner, rien qu'un instant,
Les premiers refrains de la vie !

II

Toutes nous avons, de nos lèvres,
Juré de n'aller plus au bois.
Les bois sont pleins de vertes fièvres,
De dangereux airs de hautbois.

Et, la plus gardeuse de chèvres
Comme la plus fille de rois,
Toutes nous avons, de nos lèvres,
Juré de n'aller plus au bois.

Cœurs de fillettes, cœurs de lièvres
Aussi tremblants au bord des bois…
Nous n'avons qu'à nouer nos doigts.
Les mots reviennent dans la voix…
Et la voix revient sur les lèvres !

III

Les chansons veulent qu'on les chante
Quand il fait beau, quand il fait noir.
Elles viennent, troupe émouvante,
Et cherchent à nous émouvoir.

Penchant vers nous, comme un miroir
Leur allegro ou leur andante…
Les chansons veulent qu'on les chante
Quand il fait beau, quand il fait noir.

L'étoile, qui n'est pas méchante,
Voudrait nous remplacer l'espoir ;
Les fleurs, étoiles de la plante,
Voudraient qu'on les respire un soir…
Les chansons veulent qu'on les chante !

IV

On chante. Et tout est emporté
Sitôt qu'on a fini la ronde ;
Dans la forêt, folle ou profonde,
Un laurier est vite coupé.

Un oiseau, dans l'arbre arrêté,
S'écrie après une seconde :
« On chante, et tout est emporté
Sitôt qu'on a fini la ronde. »

Ah ! chevelure brune ou blonde !
Rubans volant au ciel d'été !
Petits pieds sonnant sur le monde !
L'oiseau disait la vérité :
On chante… et tout est emporté !

LE MARCHAND DE SABLE

I

On a huit ans. La soupe chaude
Fume dans l'assiette à bord bleu ;
Les yeux d'azur et d'émeraude
Commencent à trembler un peu.

Quel est ce fantôme qui rôde ?
Et qui lance, silencieux,
Comme avec une chiquenaude,
De la poudre d'or dans les yeux ?

Pourquoi les yeux, sous la paupière,
Ont-ils ces longs cils de lumière ?
Le monde s'est presque effacé :

La bouche arrête les paroles ;
Le ciel parle ; les yeux s'envolent…
Le marchand de sable est passé.

II

On a seize ans. L'ombre charmante,
Mêle un sourire avec un pleur ;
Et la rivière obéissante
Se couche aux pieds de la chaleur.

Quel est ce fantôme qui chante ?
Et qui, sur l'oreille une fleur,
Lance chaque étoile filante
Comme une flèche dans un cœur ?

Dans le jardin qui va fleurir,
Pourquoi parle-t-on de mourir ?
Pourquoi cet air irrespirable ?

Le monde entier s'est effacé…
Mais celui qui vient de passer
Ce n'est plus le marchand de sable !

NOËL

Ainsi qu'ils font chaque année,
En papillotes, les pieds nus,
Devant la grande cheminée
Les petits enfants sont venus.

Tremblants dans leur longue chemise,
Ils sont là… Car le vieux Noël,
Habillé de neige qui frise,
À minuit descendra du ciel.

Quittant la guirlande des anges,
Le Jésus de cire et les Rois,
Transportant des paquets étranges,
Titubant sur le bord des toits,

Le vieux bonhomme va descendre…
Et, de crainte d'être oubliés,
Les enfants roses, dans la cendre,
Ont mis tous leurs petits souliers.

Ils ont même, contre une bûche
Qui venait de rouler du feu,
Rangé leurs pantoufles à ruche
Et leurs bottes de vernis bleu.

Puis, après quelque phrase brève,
Ils s'endormirent en riant
Et firent un si joli rêve
Qu'ils riaient encore en dormant.

Ils rêvaient d'un pays magique
Où l'alphabet fut interdit ;
Les ruisseaux étaient d'angélique,
Les maisons de sucre candi ;

Et, dans les forêts un peu folles,
Tous les arbres, au bord du ciel,
Pleins de brillantes girandoles[24],
Étaient des arbres de Noël.

Dans ce pays tendre et fidèle,
Les animaux parlent encor.
L'Oiseau Bleu vient quand on l'appelle ;
La Poule a toujours des œufs d'or.

… Mais comme venait d'apparaître
Peau d'Âne en un manteau de fleurs,
Le jour entrant par la fenêtre
A réveillé tous les dormeurs.

C'est un talon qu'on voit descendre !
C'est un pied nu sur le parquet !
Les mains s'enfoncent dans la cendre,
Comme un bourdon dans un bouquet !

« Une armure avec une épée !
— Un navire ! Un cheval de bois !
— Oh ! la merveilleuse poupée
Et qui parle avec une voix !

---

[24] Girandole : partie supérieure d'un candélabre, portant les bras de lumière *(Larousse)*.

— Que la bergerie est légère !

— Et comme le troupeau est blanc !

— Le loup ! —Le berger ! — La bergère ! »

Tout tremble au bord du cœur tremblant…

. . . .

Oh ! Bonheur ! Noël de la vie,

Laisse-nous quelquefois, le soir,

Aux cendres de mélancolie,

Mettre un petit soulier d'espoir !

LES IMAGES D'ÉPINAL

Quand il fait nuit de très bonne heure
Et qu'on rentre, tremblant un peu,
Pour retrouver dans sa demeure,
La lampe, le fauteuil, le feu...

Pour chasser la sombre visite
Invisible qui fait si mal,
Il n'y a qu'à regarder vite
Quelque doux album d'Épinal.

Eh ! quoi ! regarder, sous les lampes,
Ces images, quand il y a
Ô Kiyonobou[25], vos estampes,
Et vos eaux-fortes, ô Goya[26] ?

Ah ! c'est que chansonnettes peintes,
Elles gardent, comme un trésor,
Mille flammes jamais éteintes
Qui retombent en poudre d'or.

De l'or ! de l'or !... La mer lointaine
Est en or. Il y a de l'or
Sur les bateaux, sur la baleine,
Et sur Jonas[27] quand il en sort !

---

[25] Torii KYONOBOU : peintre et graveur japonais (Osaka 1664-Edo 1729). Il fut le fondateur de l'école Torii, qui se spécialisa dans le genre de l'ukiyo-e *(Larousse)*.

[26] Fransisco de GOYA : peintre et graveur espagnol (Fuendetodos, Saragosse, 1746-Bordeaux 1828)*(Larousse)*.

[27] Jonas : prophète d'Israël qui vécut au temps de Jéroboam II (783-743 avant J.-C.)*(Larousse)*.

Des zigzags dorés s'irradient
Sur tous les pays de papier !
Et les mendiants qui mendient
Ont de l'or jusqu'au bout du pied ;

Les coqs ont de l'or sur leur crête ;
Les champs, de l'or sur leur lointain ;
Saint Pierre a de l'or sur la tête,
Saint Roch a de l'or sur son chien ;

Les reines ont une couronne
D'or, et des voiles d'or dessous…
Et c'est admirable qu'on donne
Autant d'or vraiment pour deux sous !

. . . .

Tant d'or !... Et même davantage
Car, ô miracle d'autrefois,
Rien que de tourner une page
On s'est mis un peu d'or aux doigts !

VIEILLES CHOSES

I

Il est un tas de vieilles choses,
Qui nous parlent des temps passés,
Au fond des vieux bahuts moroses :
Vieux bijoux, éventails froissés

Jadis par des doigts fins et roses,
Par des doigts aujourd'hui glacés…
Il est un tas de vieilles choses,
Qui nous parlent des temps passés.

Fauteuils branlants aux pieds cassés,
Coussins nuancés de vieux roses,
Écrans aux sujets effacés…
Plus vivantes qu'on ne suppose,
Il est un tas de vieilles choses.

II

Dans le vieux salon délabré,
Pend le pastel d'une marquise ;
Si charmant qu'on madrigalise[28]
Devant son cadre dédoré.

Tout rose et doublement poudré
De poudre et de poussière grise,
Dans le vieux salon délabré
Pend le pastel d'une marquise.

---

[28] Madrigaliser : néologisme. Faire des madrigaux, des poèmes en vers exprimant une pensée galante *(Littré, Encyclopaedia Universalis)*.

Sous le sourire évaporé,
La bouche est tellement exquise
Qu'un moineau qui serait entré
La prendrait pour une cerise
Dans le vieux salon délabré.

III

C'est un vieux gilet de marquis,
Brodé d'une façon galante ;
Un gilet rose, au ton exquis ;
Sur son étoffe chatoyante,

Le jabot dut faire jadis
Sa cascatelle[29] éblouissante ;
C'est un vieux gilet de marquis,
Brodé d'une façon galante ;

Et fleurant la poudre de riz.
Au fond du gousset, on a pris
Deux billets tendres d'une amante
Et trois tabatières de prix…
C'est un vieux gilet de marquis.

IV

La chaise à porteurs d'un bleu tendre
À petits bouquets pompadour,
Seule en son coin, paraît attendre
Quelque dame et galant atour.

---

[29] Cascatelle : petite cascade *(Larousse)*.

Balancée, elle a dû se rendre
À plus d'un rendez-vous d'amour,
La chaise à porteurs d'un bleu tendre
À petits bouquets pompadour.

Il ne faudra jamais la vendre ;
Car on dit qu'au bal de la cour
Jadis on vit la Pompadour[30],
Avec un gros bouquet descendre
De la chaise à porteurs bleu tendre.

V

Le clavecin à la voix grêle
Se tait dans le boudoir vert d'eau.
Adieu, l'air du berger fidèle ;
Adieu, le menuet nouveau ;

Adieu, la grande ritournelle
Du cœur de Glück[31] ou de Rameau[32]...
Le clavecin à la voix grêle
Se tait dans le boudoir vert d'eau.

---

[30] Jeanne Antoinette POISSON, Marquise de POMPADOUR : favorite de Louis XV (Paris 1721 - Versailles 1764)*(Larousse)*.

[31] Christoph Willibald, chevalier von GLUCK : compositeur allemand (Erasbach, près de Berching, Haut-Palatinat, 1714-Vienne 1787)*(Larousse)*.

[32] Jean-Philippe RAMEAU : compositeur français (Dijon 1683-Paris 1764)*(Larousse)*.

Mais quand la nuit tombe au château,
Il fait danser incognito
Les tanagras[33] de Praxitèle[34]
Et les bergères de Watteau[35],
Le clavecin à la voix grêle.

VI

L'éventail de nacre irisée,
Qui s'est échappé d'une main,
Conserve une branche brisée
Mais garde une odeur de jasmin.

D'une brise inutilisée
Il n'a pu refaire un destin,
L'éventail de nacre irisée
Qui s'est échappé d'une main.

Fut-il, auprès d'une croisée,
Le tendre appel d'un cœur lointain ?
Ou le paravent clandestin
D'une lèvre à l'autre posée,
L'éventail de nacre irisée ?...

---

[33] Tanagra : dans la Grèce antique, figurine polychrome de terre cuite aux formes élégantes *(Larousse)*.
[34] PRAXYTÈLE : sculpteur grec actif vers le milieu du IV e s. avant J.-C., fils de Céphisodote l'Ancien*(Larousse)*.
[35] Antoine WATTEAU : peintre français (Valenciennes 1684-Nogent-sur-Marne 1721)*(Larousse)*.

VII

Voyez, c'est une boîte à mouche,
Avec son vrai petit tiroir.
D'une dame assez peu farouche
Elle ornait jadis le boudoir.

Mouche pour le coin de la bouche ;
Mouche pour le coin de l'œil noir ;
Voyez, c'est une boîte à mouche,
Avec son vrai petit tiroir.

Tout y est resté : le miroir,
Le carmin, la poudre à retouche…
Et l'on trouve, dès qu'on y touche,
De la beauté pour plus d'un soir
Dans la petite boîte à mouche.

VIII

Tremblant toujours sous du cristal,
C'est une petite tortue.
Microscopique, elle est venue
Du Japon qui sent le santal.

Oh ! comme il doit lui faire mal,
L'éternel frisson qui la tue !
Tremblant toujours sous du cristal,
C'est une petite tortue.

Hélas, cette angoisse éperdue,
Où d'onc l'avais-je déjà vue ?
Dans un rêve ? dans une rue ?
Ou dans un cœur sentimental
Tremblant sous des yeux de cristal ?...

IX

Le fond de la tapisserie
Est d'un rose fleur-de-pêcher.
Un papillon d'allégorie
Sur un front semble se pencher ;

Ce front, c'est celui de Psyché[36],
Papillon d'une autre prairie…
Le fond de la tapisserie
Est d'un rose fleur-de-pêcher.

Et les yeux, remplis de féerie,
Ne savent plus où s'attacher :
Quel ciel est le plus rapproché…
Le petit front blanc de Psyché ?
Ou le fond de tapisserie ?

X

Mais il est, sur une gravure,
Un indéfinissable ciel :
Plein de ramiers et de ramure
Et d'un roman presque irréel.

---

[36] PSYCHÉ : divinité grecque, personnification de l'âme et amante d'Éros *(Larousse)*.

Certes on voit, dans la nature,
Des heures d'azur et de miel ;
Mais il est, sur une gravure,
Un indéfinissable ciel.

Dans un océan de verdure,
Deux amants, au pied d'un autel,
Se donnent, d'un regard qui dure,
Un baiser qui semble éternel…
Mais il est sur une gravure !

LE BUREAU

Il y avait parmi ces choses
Que le temps ne peut effacer,
Un bureau de ce bois de rose
Qui parfuma tout le passé.

Le connaisseur le plus hostile
N'aurait pu lui voir un défaut ;
Il était ravissant de style,
Vermoulu juste ce qu'il faut.

Il venait d'une aïeule douce
Qui vivait il y a cent ans ;
Il s'enveloppait d'une housse
Faite de souvenirs flottants.

Lorsque j'étais petite fille,
J'ignorais son histoire, mais
J'admirais son fin bois qui brille…
Je le regardais. Je l'aimais.

Il y avait une ombre légère
Qui s'allongeait avec le soir ;
Et des attributs de bergère
Qui portaient un petit miroir.

Dans le clair salon de province
Qui laissait faner ses vieux ors,
Le bureau, romantique et mince,
Frémissait aux bruits du dehors ;

Sous une classique peinture,
Entre deux rideaux de velours,
Il tremblait à chaque voiture…
Ce fut un de mes grands amours.

Et, si j'aimais avec folie
Cet ami d'une autre saison,
C'était surtout pour la féerie
Qu'il apportait dans la maison.

Car, mieux que son ancien sourire
Et ses quatre pieds vermoulus,
Il avait (on peut bien le dire
À présent qu'on ne s'en sert plus)

Mieux que sa fragilité blonde,
Mieux que son front qui se dorait,
Comme en a chaque âme profonde,
Il avait un tiroir secret !

*

Sur deux fleurs de marqueterie
Il fallait appuyer d'abord ;
Pousser la frêle galerie
Qui, en haut, le couronnait d'or ;

Rabattre d'une main adroite
Le couvercle d'un encrier
Vers la gauche ; puis, vers la droite
Tourner la roulette d'un pied ;

Faire pour un instant revivre
Le ruisseau qui fut un miroir ;
Chercher sous un ruban de cuivre
Un étrange petit clou noir,

Enfin tirer une targette...
Et lorsque, du haut jusqu'en bas,
Toute la manœuvre faite :
Quelquefois il ne s'ouvrait pas !

Mais quand il s'ouvrait, longue et mince,
La cachette alors se montrait,
Sentant la rose de province,
La fraîcheur sombre d'un secret.

Et, de cette pauvre cachette,
Toute cette fatale odeur,
Comme un parfum monte à la tête,
Vous montait tout de suite au cœur.

Du fond du passé, tout un drame
Frivole et tendre s'évoquait ;
On retrouvait des traces d'âme
Dans les arômes d'un bouquet ;

Dans le miroir au doux nuage,
On croyait voir se préciser,
Un visage près d'un visage,
Une larme auprès d'un baiser ;

Sur le cuir bleu de l'écritoire,
On lisait le roman défunt ;
Et l'on ressuscitait l'histoire
Rien qu'en retrouvant le parfum.

Parfum de fleur, parfum de lettre,
De portrait pris, de cœur donné ;
Parfum d'un amour qui, peut-être,
N'était que du malheur fané !

Mais quand j'avais sept ans à peine,
Je ne cherchais guère à savoir
Si, jadis, un cœur de sa peine,
Avait parfumé le tiroir ;

Et lorsque j'étais toute seule,
Je concentrais tout mon effort,
Sans souci de la douce aïeule,
À faire jouer le ressort.

Cela me semblait magnifique
De voir, tout à coup, d'un côté,
S'élancer la case magique ;
Et, sans en avoir la cruauté,

Je refaisais, des dois sans nombre,
Sortir des panneaux palpitants,
Le tiroir dont criaient dans l'ombre
Les pauvres aciers de cent ans !

*

Aujourd'hui, c'est tout le contraire :
Je n'ouvre guère le tiroir,
Mais je repense à la grand-mère ;
Et si, quelquefois, vers le soir,

Je touche la marqueterie
Toujours plus pâle du bureau,
Si je pousse la galerie
Qui le couronne d'or en haut,

Si la serrure se soulève
En trébuchant, si la main fait
À demi basculer le rêve
Et tourner le pied tout à fait,

Si deux instants je ressuscite
Le miroir qui semble un ruisseau,
Et, du faible clou qui palpite,
Si j'obtiens un dernier sursaut…

Ce n'est pas que ce jeu m'amuse
De voir la cachette de bois
Sortir, sur son acier qui s'use,
Un peu moins vite chaque fois ;

Ce n'est pas non plus que je veuille
Interroger sur le passé
Le petit brin craquant de feuille
Dans un coin du tiroir laissé ;

Au bureau de moire[37] pâlie
Je rends son mystère charmant…
Je n'imagine plus… j'oublie
Et le ressort et le roman…

Mais simplement ma main qui tremble
Ouvre, pour y mettre une fleur,
Ce mince tiroir qui me semble
Le tout petit cercueil d'un cœur !

---

[37] Moire : au sens littéraire, reflets changeants et chatoyants d'une surface, d'un objet *(Larousse)*.

LES DEUX PAROLES

« L'amour fait passer le temps »
Dit un vieux dicton qui tremble,
Car l'heure, pour les amants,
N'est que l'instant d'être ensemble.

Qu'ils vont vite, les vingt ans,
Sous le chêne ou sous le tremble...
« L'amour fait passer le temps »
Dit un vieux dicton qui tremble.

Mais, à ce dicton qui court,
Un autre qui lui ressemble
Répond, la nuit et le jour,
(Et c'est notre cœur qui tremble) :
« Le temps fait passer l'amour ! »

LA POUPÉE

J'ai revu, princesse endormie
Dans un château de cheveux blonds,
Cette mystérieuse amie
Qui, dans mon cœur, a plusieurs noms.

Ma Poupée ! Hélas, c'est bien elle !
Je la reconnais. Mais elle est
Beaucoup plus triste et bien plus belle
Que du temps qu'elle me parlait.

Car, à présent que la poussière
L'a toute reprise, il ne sort
De sa bouche que le mystère,
Qui parle un peu mieux qu'un ressort !

Dans sa longue robe vert pomme,
Dont l'obscurité a pris soin,
Elle est prodigieuse comme
Quelqu'un qui revient de très loin.

Et nous refaisons connaissance,
Je reconnais chaque détail :
Voici, sur son cou de faïence,
Son pâle collier de corail ;

Voici, avec le doigt qui vole,
Sa main tournant dans le poignet,
Et son pied au destin frivole
Qui, dans la cheville, tournait ;

Voici, sur son pied minuscule,
Le soulier de rose coutil[38].
Et, sur son bras, le ridicule
Si ridiculement petit ;

Voici son visage perplexe,
Et sa bouche qui s'anima
D'un coup de pinceau circonflexe,
Et son nez qui n'est qu'un tréma ;

Voici son front ; voici — parure
Qui tout autour d'elle tombait —
Sa ruisselante chevelure
En poil de chèvre du Thibet ;

Voici l'auréole que forment
Ses cils un par un dessinés,
Et voici ses sourcils énormes
Éternellement étonnés !

Et voici que, dans un nuage,
Je nous revois toutes les deux :
Nous avions le même visage.
Nous avions les mêmes cheveux.

Nous avions les mêmes pieds roses
Faisant presque les mêmes pas…
Pourtant il y avait des choses
Sur quoi l'on ne s'entendait pas.

---

[38] Coutil : tissu d'armure croisée, très serré, qui se fait généralement en uni ou à rayures de couleurs tissées, parfois aussi à dessin Jacquard, utilisé principalement pour la confection des matelas, des vêtements de travail et de chasse, de l'ancien français *(Larousse)*.

Nous mélangions chaque seconde…
Mais, à chaque instant, je sentais,
Hélas, qu'il y avait un monde
Entre nos mains qui se tenaient !

*

Et, Poupée au regard d''étoile,
Tout se comprend lorsqu'on revoit
Par une blessure de toile
Glisser ta vie et ton émoi,

Car c'était, ô petite Dame
Dont j'avais cru faire ma sœur,
Du son qui remplissait ton âme…
Et du sang qui gonflait mon cœur !

RÉCRÉATION

Ma poupée aux yeux de faïence
Dormait dans l'herbe aux yeux de fleur.
Le jardin n'était qu'une danse
De soleil rose et de bonheur.

Le printemps réglait sa cadence
Au métronome de mon cœur.
Ma poupée aux yeux de faïence
Dormait dans l'herbe aux yeux de fleur.

Et, sur une vieille crédence
Un sablier, d'un air moqueur,
Disait : « Qu'est-ce que l'existence ?
Des yeux en fleur… des yeux en pleur…
Puis… de pauvres yeux de faïence ! »

LA VIEILLE ARMOIRE

Moitié d'éventail ; métronome ;
Bobine d'un fil dévidé ;
Gros crayon chaussé d'une gomme ;
Petits ciseaux coiffés d'un dé ;

Vieux baromètre auquel nous crûmes,
Avec un espoir qui tremblait ;
Lézard qui coupait les volumes ;
Serpent qui fut un bracelet ;

Clou détaché de la corniche
D'une mansarde ou d'un salon ;
Éléphant qui fut un fétiche ;
Cendre qui fut un cheveu blond ;

Raisins, autrefois de Corinthe ;
Bonbons, jadis acidulés ;
Anneau qui fut un labyrinthe
Où se perdirent tant de clefs ;

Rideau qui tomba d'une tringle,
Et bague qui glissa d'un doigt ;
Pelote qui n'a plus d'épingle,
Et, jonchets[39] qui n'ont plus de roi ;

Jeu de cartes marbré de taches
Où, noircis d'un crayon moqueur,
La reine Argine[40] a des moustaches,
Et, trois yeux, le valet de cœur ;

---

[39] Jonchet : chacun des bâtonnets que l'on jette sur une table, pour jouer à les enlever un à un avec un crochet, sans imprimer le moindre mouvement aux bâtons voisins *(Larousse)*

[40] Argine : la dame de trèfle des jeux de carte, de l'anagramme du latin Regina (Reine) *(NC)*.

Livre que nul n'a voulu lire
(Car il n'était pas un roman) ;
Pauvre petite ombrelle Empire
Qui se plie en deux, tristement ;

Soulier, resté seul, qui se cambre
Sous la poussière du dédain ;
Deux ou trois grains d'un collier d'ambre ;
Deux ou trois graines d'un jardin ;

Indicateur pour une gare ;
Fer à cheval d'un ancien jour ;
Corde qui n'a plus de guitare ;
Guitare qui n'a plus d'amour ;

Verrou qui n'eut jamais de porte ;
Réveil qui fut toujours cassé ;
Agenda d'une saison morte
Dont le présent est du passé ;

Fleur qui sent encor la campagne,
L'herbe sèche et le tas de foin ;
Castagnette qui vient d'Espagne ;
Timbre qui vient de bien plus loin ;

Petit oiseau doré d'une île
Qui chantait au ciel des pampas ;
Coffret avec le mot « Fragile »,
Comme il a duré, n'est-ce pas ?

Timbale venant d'un collège ;
Image venant d'un Missel ;
Flacon anglais vide de sel ;
Presse-papier rempli de neige ;

Petits coquillages ornant
Un écrin rose pour les bagues ;
Grand coquillage contenant
Toutes les histoires des vagues ;

Nacres portant aux avenirs
Un nom de ville ou de chapelle…
— Objets dénommés « souvenirs »
Que personne ne se rappelle !

DÉPART

I

Bientôt la maison sera seule,
On met les housses au salon,
Dans sa gaze, le lustre rond
Semble un soleil qu'on enlinceule.

Adieu le portait de l'aïeule !
Adieu l'odeur de la moisson !
Bientôt la maison sera seule
On met les housses au salon.

La fenêtre est ouverte au fond.
L'heure va vite. Et, sur l'éteule[41],
Il ne reste plus qu'une meule,
Qui semble garder l'horizon...
Bientôt la maison sera seule !

II

Il ne restera plus personne
Dans toute la vieille maison ;
Et, si quelque clochette sonne,
Ce sera celle d'un mouton.

La pendule au bruit monotone
N'aura plus ni tort ni raison ;
Il ne restera plus personne
Dans toute la vieille maison.

---

[41] Éteule : nom du chaume dans certaines régions *(Larousse)*.

Peut-être encore entendra-t-on,
Dans le silence de l'automne,
Comme un mystérieux bourdon
Un mot persistant qui frissonne…
Il ne restera plus personne !

SOUVENIRS

Je fus, dans une grande chambre,
(Cils noirs, nez rose, et collier d'ambre,
Et vers un jardin de septembre
Tendant mon regard ébloui),
Une petite fille sage
Qui parlait avec le feuillage,
Et qui croyait qu'un paysage
Nous rend l'amour qu'on a pour lui.

Je fus, dans une chambre douce,
(Dont le lustre avait une housse,
Et qui sous un écran de mousse
Gardait un feu toujours éteint),
Une petite fille triste
En qui le feuillage persiste,
Le feuillage aux fleurs d'améthyste
Qui devient rose le matin.

Je fus, dans une sombre école,
(Sans paysage et sans parole),
Une petite fille folle
Qui ne savait pas ses leçons ;
J'avais une angoisse qui dure,
La soif de chaque source pure,
Tous les premiers prix d'écriture,
Et la mémoire des chansons.

Je fus, dans une robe noire,
(À côté d'un ruisseau de moire
Où cent mille oiseaux venaient boire
Le même reflet palpitant),
Une fillette, hélas ! qui pleure
Sitôt que le printemps l'effleure,
Et qui prend l'insecte d'une heure
Pour l'éternité d'un instant.

Mais c'est peu, lorsqu'on est partie
Pour le voyage de la vie,
D'avoir, pour seule garantie
Contre le ciel de l'avenir :
Dans la bouche, un air de romance,
Dans les yeux, tout ce que l'on pense,
Dans l'âme, le cœur qui commence,
Et, dans le cœur, le souvenir !

LES CHAMPS-ÉLYSÉES

Ô merveilleux Champs-Élysées,
Paradis cher et puéril
Où volaient mes boucles frisées
Et les moineaux du mois d'avril,

C'est dans votre enceinte charmante
Que j'appris le charme infini
De la gaufre à moitié brûlante
Et des anis de Flavigny.

Autour de la voiture aux chèvres,
Des hannetons venaient briller ;
La gaufre laissait, sur nos lèvres,
Un peu de sucre vanillé ;

Et, dans ce doux état de grâce
Où tout semble pur et parfait,
Nous buvions, fontaine Wallace,
Le bonheur dans ton gobelet !

*

Promenade aux arbres bleuâtres,
Ah ! comme à l'ombre il faisait bon,
Devant quatre petits théâtres
Qui portaient tous le même nom.

Rêves que tient une ficelle :
Guignol ! Guignol ! Guignol ! Guignol !
Je revois tout. Je me rappelle
Le goût de l'air, l'odeur du sol.

Je revois la dame fragile
Que nous suivions en palpitant :
Le Roi… le Lion… le Crocodile
Qui n'arrivait qu'en sifflotant !

Colombine qui se parfume…
Pierrot, si blanc sous les rayons…
Arlequin, qui fit son costume
En cousant deux cents papillons…

Et la valse à la fausse gamme
Que râclait un Italien,
Cependant qu'une pauvre femme
Quêtait avec un pauvre chien !

✳

La poussière était arrosée.
Le printemps passait sur Paris.
D'une pyramide rosée
Trois marronniers étaient fleuris.

Dressé devant notre délire,
Le petit guignol aux murs blonds
S'ajoutait des colliers de rire
Que toujours nous lui redonnions.

Devant la minuscule auberge
Où le premier rêve descend,
Notre regard n'était qu'un cierge
Qui brûlait en s'agrandissant…

Et nous faisions, sous ce feuillage
Plus bleu de voir tomber le jour,
Tout l'émouvant apprentissage
Des pleurs, du rire, et de l'amour !

L'ÉTERNELLE CHANSON

I

Éternelle chanson !
Printemps ! Pâleur suprême !
Jardin sur un buisson !
Nuit sur un chrysanthème !

Fleur ! Étoile ! Pinson !
Et le don de soi-même…
Éternelle chanson !
Plaisir ! Chagrin suprême !

Strophe au double frisson
Qui fait, dans l'air extrême,
Rimer à l'unisson :
Je t'aime avec Je t'aime…
Éternelle chanson !

II

Les Tziganes jouaient une valse charmante.
Des arbres étaient bleus et d'autres violets…
Vous me parliez d'amour. Et, sur la valse lente,
Les mots que vous disiez devenaient des couplets.
Au fond du paysage, une blanche Diane
Semblait s'auréoler des acacias blancs,
Et, tout autour de nous, cette valse tzigane
Trouvait encor moyen d'augmenter le printemps…
Vous me parliez d'amour. Je crois encor entendre
Ces mots courts ponctués de silences très longs.
Les arbres étaient bleus, et la gravité tendre
De votre voix chantait avec les violons ;
Comme des encensoirs que l'espérance écoute,
Les fleurs s'évaporaient dans le soir indulgent ;
(Mais plus un soir est doux plus il répand le doute)…
Vous me parliez d'amour. La lune au front d'argent
Reprit distraitement l'écharpe d'un nuage,
Et tout ce qu'on voyait disparut ! excepté
La lumière divine et double de notre âge
Et nos yeux qui semblaient trouer l'obscurité !
Les Tziganes jouaient une valse charmante.
Les archets infinis chantaient sur les bois creux…
Vous me parliez d'amour. Et, sur la valse lente,
Les mots que vous disiez demandaient des aveux.
La minute semblait un feu que rien n'arrête.
Les rêves promenaient des brouillards séduisants.
Et l'herbe, où vous jetiez des bouts de cigarette,
Avait l'air d'inventer des rouges vers luisants.
Le jardin était plein d'un bonheur qui réclame.
La lune alors sortit de son nuage noir
Et sembla, sur nos fronts, illuminer notre âme…

Vous me parliez d'amour. Tout tremblait dans le soir.
« Ah ! donne-moi ton cœur ! » suppliait ta voix tendre.
« Hélas ! fis-je, mon cœur, il ne m'appartient pas.
Je ne peux le donner que si tu veux le rendre… »
Et, vous voyant pâlir, je murmurais tout bas
(Tandis que les motifs de la musique ardente
Égrenaient à la fois des notes et des pleurs) :
« Ah ! n'oublions jamais cette valse charmante,
Que les archets, peut-être, ont joué sur nos cœurs ! »

III

Ce n'est pas la faute à nous deux
Si nous nous aimons de la sorte :
Les arbres verts étaient trop bleus…
La faible brise était trop forte…

Le dieu des pâles amoureux
De notre cœur força la porte…
Ce n'est pas la faute à nous deux
Si nous nous aimons de la sorte.

Contre un hôte si dangereux,
Nul n'osa nous prêter main-forte :
La raison fut sourde à nos vœux,
L'amitié même fit la morte…
Ce n'est pas la faute à nous deux.

IV

L'amour que chante mon poème
N'est pas comme dans les romans.
Il ne brode pas sur le thème
Des étoiles et du printemps ;

Vers l'arbre ou vers l'astre suprême,
Il ne fallait pas mille serments ;
L'amour que chante mon poème
N'est pas comme dans les romans.

Mais, grave et doux, sûr de lui-même
Et de ses yeux de diamants,
Il dit tout simplement : « Je t'aime
Plus que l'étoile et le printemps… »
L'amour que chante mon poème !

V

Mon petit chapeau de velours
Semble une immense violette.
Il n'a ni plume, ni bouffette[42],
C'est le plus simple des atours ;

N'ayant pas même une voilette
Pour dissimuler ses contours,
Mon petit chapeau de velours
Semble une immense violette.

Ah ! qu'avec vous les jours sont courts...
Mais, quand de vous je m'inquiète,
Les instants même sont plus lourds
Que, lorsque j'ai mal à la tête,
Mon petit chapeau de velours !

---

[42] Bouffette : petite touffe de rubans, petite houppe de laine, de soie, employée comme ornement *(Larousse)*.

VI

Quand vous riez, laissant ainsi
Vos yeux s'inonder de lumière,
Je sens la minute légère
Monter jusqu'au ciel éclairci.

Le jardin n'a plus un souci,
Le chemin plus une poussière,
Quand vous riez, laissant ainsi
Vos yeux s'inonder de lumière.

Ô miraculeux raccourci
De mon âme à votre paupière :
Un pleur dans votre œil obscurci
Retombe sur mon âme entière…
Quand vous riez, je ris aussi !

VII

Le parfum d'une cigarette
M'enveloppe de flocons bleus ;
Et j'y vois, en fermant les yeux,
Une petite maisonnette ;

Trop basse pour qu'un cœur s'y mette,
Mais bien assez grande pour deux !
Le parfum d'une cigarette
M'enveloppe de flocons bleus.

Bergère ou bien bergeronnette,
On y vivrait tout près des cieux !
Car, où donc peut-on vivre mieux
Qu'en une fumée où s'arrête
Le parfum d'une cigarette ?

VIII

Nous marchions lentement parmi la verte lande,
Tes yeux, vers le passé, retournaient inquiets ;
    Tu ne faisais nulle demande…
    Et moi je répondis : « Jamais. »

Nous marchions vivement parmi le trèfle rose,
Tes yeux, vers l'avenir, compliquaient les détours ;
    Tu ne demandais nulle chose…
    Et moi je répondis : « Toujours. »

Nous marchions maintenant parmi le soir bleuâtre
Et, dans l'air palpitant de notre double émoi,
    Mon cœur, entendant le tien battre,
    Répondit : « Non ! pas tant que moi ! »

IX

J'ai tendu ma main froide à des rougeurs de flamme ;
J'ai trempé mes doigts chauds dans du bleu de ruisseau ;
J'ai, lorsque le beau temps s'emparait de mon âme,
Suspendu la minute au gosier d'un oiseau.

J'ai respiré l'espoir ; j'ai poursuivi le songe ;
J'ai senti la fraîcheur d'un jardin quand il pleut ;
J'ai fait, lorsque l'instant s'arrête ou se prolonge,
Le geste d'arrivée et le geste d'adieu.

Et, vivant tout le jour du reflet d'un nuage,
Tremblant toute la nuit du projet d'un voyage,
J'ai fini par comprendre — ô délice, ô douleur ! —

Que la brise du ciel s'entend dans un feuillage,
Que le bruit de la mer tient dans un coquillage,
Et que le monde entier s'écoute dans un cœur.

X

Comme deux cols de cygne au-dessous d'un miroir,
Mes deux bras porteraient la clarté de ta vie ;
Ils chasseraient l'oiseau-de-la-mélancolie,
Le jour ; ils t'attendraient sur l'escalier, le soir ;

Parfois, de mon épaule à ton épaule chère,
Ils jetteraient un pont, mais qui tremble beaucoup ;
Puis, nouant brusquement leur guirlande légère,
Ils ne seraient plus rien qu'un fermoir à ton cou.

Sous le ciel noir, sous le ciel gris, sous le ciel bleu,
Ressuscitant l'étoile ou rallumant le feu,
Répandant les parfums ou pétrissant la tarte,

Mes bras multipliés seraient dans la maison
(Et pour mieux t'adorer abandonnant mon nom)
Tantôt ceux de Marie et tantôt ceux de Marthe.

XI

Voici qu'avec les fleurs mon amour coïncide :
Je t'aime dans mon âme et dans la floraison.
Et ma tendresse encor sortant de la maison
Remplit tout le jardin d'un désordre splendide.

Car je prends, parmi cet émoi qui m'intimide,
Chaque objet pour un autre et mon geste a raison :
Je prends l'eau pour un miroir, et l'ombre pour une prison,
Et l'écho pour conseil, et la brise pour guide ;

Le pas de la fourmi pour un pas de géant ;
Et l'oiseau pour un peu de miracle vivant ;
Je prends l'air pour le monde, et le beau temps pour l'heure...

Et mon cœur pour le cœur du lierre miroitant
Puisque, voyant ce cœur dépasser cet instant,
Je ne m'étonne pas qu'il s'attache ou qu'il meure...

XII

La voix n'est qu'un écho… l'œil n'est plus qu'un interprète…
Tu serais étonné si tu voyais mon cœur.
Et, prenant tout à coup ton petit air moqueur,
Tu t'écrierais : « Quoi ! c'est ce cœur qui m'inquiète ?

Ce cœur qui n'a besoin, pur et passionné,
Que d'un brin de chanson et d'une violette !
Mais ce n'est rien ! mais c'est le cœur d'une fillette !... »
Si tu voyais mon cœur tu serais étonné.

Si tu voyais mon cœur, tu serais tranquille,
En voyant rayonner mon amour immobile
Comme un phare qui va bien plus loin que le soir ;

Tu serais si tranquille et si déchiré même
Si tu voyais mon cœur, de voir combien je t'aime,
Que j'aime mieux que tu ne puisses pas le voir.

XIII

Je veux pleurer. Je veux oublier toute chose.
Je veux pleurer, la tête en prison dans ma main,
Des vrais pleurs dont mes yeux seront meurtris demain,
Et qui me font, ce soir, la joue ardente et rose

Je veux pleurer. Car, tout ce qu'on dit quand on cause,
Ne traduira jamais cet émoi surhumain
Qui me vient de mon cœur et d'avoir, en chemin,
Trop parlé tout en respirant la même rose.

Je veux pleurer. Pourtant je guette, sous un cil,
Si quelqu'un ne vient pas me dire : « Qu'y a-t-il ? »
Quelqu'un qui change tout avec une parole.

Qu'il vienne ! c'est pour lui que je pleure ce soir.
Je pleure avec un cœur qui n'est lourd que d'espoir
Et je me désespère afin qu'il me console…

XIV

Vous êtes mon espoir et ma désespérance,
Et ma chère espérance et mon cher désespoir :
Sur votre cœur d'hier, j'ai réglé ma souffrance ;
Demain, j'écouterai votre cœur de ce soir.

Qu'un jour soit rose ou bleu, qu'un ciel soit gris ou noir,
Ce n'est que dans vos yeux que luit la différence ;
Vous êtes mon espoir et ma désespérance,
Et ma chère espérance et mon cher désespoir.

Frémissant d'un départ, vivant d'une présence,
Pâlissant d'un retour et mourant d'une absence,
Mon âme, tout à tour et du matin au soir,
Vous offre, dans mes yeux, sa tendre transparence...
Vous êtes mon espoir et ma désespérance !

XV

Je vous ai tellement mêlé au paysage
Qu'à chaque instant du jour les sources et les bois
M'apportent l'air penché qu'avait votre visage
Ou l'intonation que prenait votre voix.

Je vous ai tellement mêlé à l'existence
Qu'à la fin je confonds les ciels et les instants :
Lorsque vous êtes là, j'ai froid de votre absence ;
Lorsque vous êtes loin, je vous vois tout le temps.

Je vous ai tellement mélangé à mon âme
Que les murs entre nous sont peut-être effacés...
Et tout ce que j'écris avec des mots de flamme,
Je ne sais si ce n'est pas vous qui le pensez !

XVI

CRÉDULITÉ

Tu me dirais que l'on entend le souffle
D'un papillon posé sur une fleur,
Et que l'on a retrouvé la pantoufle
Que Cendrillon perdit avec son cœur ;
Tu me dirais que ces vers sont en prose
Et qu'une femme a gardé des secrets,
Que le lys parle, et que l'azur est rose
Plus qu'une joie au front, je te croirais.

Tu me dirais qu'une étoile secrète
Pendant le jour a quelquefois tremblé,
Et que la nuit, dans l'ombre violette,
Garde parfois le soleil affolé ;
Tu me dirais qu'il n'est plus une fraise
Dans les recoins tout moussus des forêts,
Et qu'une plume de bengali pèse
Plus qu'un chagrin au cœur, je te croirais.

Crédulité des sentiments extrêmes !
Ah ! que le doute est loin… Tu me dirais
Que le bonheur existe et que tu m'aimes :
Vois ma folie, Ami, je te croirais !

XVII

LA LETTRE

Hélas ! que nous oublions vite…
J'y songeais hier, en voyant
Une petite lettre écrite
Lorsque je n'étais qu'une enfant.

Nous avions, je me le rappelle,
Causé longtemps, et, vers le soir,
Nous rangions tout le pêle-mêle
Attendrissant d'un vieux tiroir.

De temps en temps entre nos âmes,
Un mot brillait comme un éclat…
Et, brusquement, nous retrouvâmes
Cette petite lettre-là.

Je lus jusqu'à la signature
Sans ressentir le moindre émoi,
Sans reconnaître l'écriture,
Et sans voir qu'elle était de moi.

En vain, je voulus la relire,
Me rappeler… faire un effort…
Ces mots que ma main sut écrire,
Le souvenir en était mort.

Ô la pauvre petite lettre
Écrite encor si gauchement…
Mais j'y songe, c'était, peut-être,
La première, — un événement !

C'était peut-être la première !
Je l'écrivais, sans respirer,
Sous l'éblouissante lumière
D'un regard qui n'a pas pleuré.

De mon cœur naïve copie,
Je la signais en triomphant…
Est-il possible qu'on oublie
Sa première lettre d'enfant ?

*

Et puis vient le temps où l'on aime…
Et l'on écrit… et puis un jour…
Un jour, on oubliera de même
Sa première lettre d'amour !

XVIII

LES MIMOSAS

L'autre matin, sous la feuillée,
De soleil rose ensoleillée,
Je rêvais à toi, — tu passas !
Et je vis à ta boutonnière,
Penchant ses graines de lumière,
Une branche de mimosas.

« Oh ! donne-la moi, je t'en prie,
Cette petite fleur flétrie… »
Murmurai-je. Et tu refusas !
D'un œil foncé qui me regarde,
Tu refusas. Tu dis : « Je garde
Cette branche de mimosas. »

Et, sans voir qu'à cette seconde
Je ne voulais plus qu'elle au monde,
De mon tourment tu m'amusas :
« Il y en a sur la pelouse…
— Non, je veux, car je suis jalouse,
Cette branche de mimosas !

Si tu l'aimes, toute fanée,
C'est qu'alors on te l'a donnée,
En te taisant, tu t'accusas.
Parle ! nomme-moi ma rivale !
Regarde-moi… Je suis plus pâle
Que la branche de mimosas ! »

Mais toi, d'une voix attendrie,
Tu t'écrias : « Ô ma chérie,
À mes regards tu proposas
Cent visages : des fous, des sages,
D'autres plus fins que les feuillages
De la branche de mimosas.

Mais, très curieux de nature,
Je rêvais de voir la figure
— Car je ne la connaissais pas —
Que vous faites, alors qu'on ose
Vous refuser la moindre chose…
Tiens, les voilà, les mimosas ! »

XIX

UNE FLEUR

Ah ! trembler un matin d'automne
Pour une fleur que l'on vous donne
Et qui résume la saison,
De cette pauvre fleur fanée
Parfumer toute une journée,
Tout un cœur, toute une maison...

Ne pas pouvoir tenir en place ;
Se regarder dans chaque glace ;
Descendre ; s'asseoir sur un banc ;
Sur un vieux mur, sur une chaise ;
Puis remonter ; se coiffer seize
Ou dix-sept fois ; mettre un ruban

De velours, puis un diaphane ;
Regarder la fleur qui se fane
En lui tenant un discours fou ;
Et puis brusquement redescendre
Avec, sur un long regard tendre,
Un chapeau presque Gainsborough ;

Courir et s'abattre sur l'herbe ;
Livrer le chapeau trop superbe
À l'assaut des colimaçons ;
Et, dans la nuit de ses paupières,
Écrire en lettres de lumières
Un nom plus beau que tous les noms...

Je ne sais pas comment s'appelle
Cette fièvre infiniment belle ?
Mais je sais, qu'à tous les instants,
Parfumant ma main qui la froisse,
Cette fleur d'amour et d'angoisse
Fera la pluie et le beau temps !

Ah ! douce fleur aux doux feuillages,
Qi quelque jour, entre deux pages,
Je retrouve ton front doré,
Ô pétale de l'amour même,
Fleur que j'adore puisqu'il m'aime…
Que ce ne soit pas pour pleurer !

XX

L'ÉCHO

C'est un écho capricieux,
On ne sait jamais ce qu'il pense ;
Car il promène sa cadence
Entre la rivière et les cieux.

A : « Je souffre » il répond « Tant mieux » ;
A : « Je t'aime » il répond « Souffrance »...
C'est un écho capricieux,
On ne sait jamais ce qu'il pense.

Ce matin, pour le juger mieux,
J'ai jeté vers ses gouffres bleus
Le nom répété d'une absence ?
Il n'a répondu que « Silence »...
C'est un écho capricieux.

*

Le nom que je ne disais pas
Sans un frisson de tout mon être,
Un instant sous le ciel champêtre,
Doubla le parfum des lilas.

L'écho seul, maussade là-bas,
Ne semblait plus le reconnaître,
Le nom que je ne disais pas
Sans un frisson de tout mon être.

Mais ce soir (lorsque, sous le hêtre
Je pleurais, le front sur mon bras),
À mes pleurs répondant peut-être,
L'écho redit au ciel lilas
Le nom que je ne disais pas !

XXI

LE BRIN D'HERBE

Quand, sur un gazon mensonger,
Trop près d'un gouffre on se hasarde,
Les gens vous disent : « Prenez garde ! »
Et l'on évite le danger.

Ah ! sur un gouffre qui se creuse
Si tu me vois penchée un jour,
Si tu me vois, pauvre amoureuse,
Marcher au bord de ton amour…

Préviens-moi vite ! et, pour ne pas
Que mon cœur brisé, jusqu'en bas,
Tombe de détresse en détresse,

J'essaierai de me raccrocher,
Entre les fleurs et le rocher,
Au dernier brin de ta tendresse !

XXII

PROJET DE VIE

Nous n'habiterions pas la ville,
Mais, dans l'ombre, on apercevrait,
Comme un astre pur et tranquille,
Notre maison, dans la forêt.

Elle aurait d'abord été blanche ;
Mais, au nom d'une fraîche loi,
Tout le jardin, branche par branche,
Lui serait monté jusqu'au toit.

Cette maison, cette chaumière,
Qui serait un palais pour nous,
Aurait le rêve pour lumière
Et le silence pour verrous.

Chaque jour serait le plus tendre ;
Chaque soir serait le plus beau ;
Chaque balcon pourrait entendre
Le rossignol de Roméo ;

Et, pour mieux veiller sur le terme
De nos deux sommeils palpitants,
Dans la forêt qui nous enferme
Tous les arbres auraient cent ans.

✳

L'intérieur, une merveille !
Grâce à nos soins longs et pieux,
Aurait une porte très vieille
Et des portraits mystérieux ;

Sous une tenture étoilée,
Un clavecin soupirerait ;
La fenêtre serait voilée,
La commode aurait un secret.

Puis, d'une main folle et fragile,
J'éparpillerais tout à coup,
Parmi tous les objets de style,
Un peu du Japon le plus fou ;

Un petit abbé que consacre
Un pastel presque de Latour[43]
Auprès d'un éléphant de nacre
Perdrait son latin chaque jour ;

Et, chaque soir sous une marquise,
Voyant un dragon grimacer,
Sur l'étagère de Venise
Ne saurait sur quel pied danser !

✳

[43] Henri FANTIN-LATOUR : peintre et lithographe français (Grenoble 1836-Buré, Orne, 1904)*(Larousse)*.

Dans cette maison que je rêve,
La journée aux yeux inquiets,
Ne saurait si le temps se lève
Qu'à la couleur de nos projets ;

Pas de pendule au frontispice[44] ;
Pas de boussole dans un coin ;
Tu verrais l'heure à mon caprice !
La brise suivrait ton destin.

Et, pour être tout à fait sages,
Nos amis, nous les choisirions
Parmi les charmants personnages
Des beaux livres que nous lirions.

Et si, car ainsi va le monde,
On voulait pénétrer un jour
Dans la solitude profonde
De la maison de notre amour,

À notre regard qui se penche
Quand la sonnette retentit,
Il faudrait montrer « âme blanche »
Et des yeux qui n'ont pas menti !

*

---

[44] Frontispice : façade principale d'un édifice ; avant-corps avec portail *(Larousse).*

Donc, nous n'aurions pas de visite…
Pour vous seul, mon bras porterait
Un bracelet de malachite
Presque aussi vert que la forêt.

J'aurais un long collier d'opale
Où l'arc-en-ciel est enfermé,
Et ce manteau d'argent si pâle
Qu'un matin vous avez aimé.
J'aurais souvent ces yeux où passe
Toute mon angoisse… Le soir,
Près de moi, sur la chaise basse,
Quand vous viendriez vous asseoir,

Ma tendresse, vite inquiète,
Vous prendrait dans des bras jaloux,
Je renverserais votre tête
En arrière, sur mes genoux ;

Et puis, afin que les lumières
Vous soient douces, mon cher amour,
Je mettrais, devant vos paupières,
Mes doigts, comme un rose abat-jour !

XXIII

CALENDRIER

Janvier nous prive de feuillage ;
Février fait glisser nos pas ;
Mars a des cheveux de nuage,
Avril, des cheveux de lilas ;

Mai permet les robes champêtres ;
Juin ressuscite les rosiers ;
Juillet met l'échelle aux fenêtres,
Août l'échelle aux cerisiers.

Septembre, qui divague un peu,
Pour danser sur du raisin bleu
S'amuse à retarder l'aurore ;

Octobre a peur ; Novembre a froid ;
Décembre éteint les fleurs ; et, moi,
L'année entière je t'adore !

XXIV

SOUPIR

Toi l'amour et toi la tendresse,
Toi le merveilleux compagnon
Des jours de joie et de tristesse :
Je viens te demander pardon.

Hélas, les femmes insensées
Ont l'esprit sans cesse en émoi…
Pardon de toutes les pensées
Qui ne s'envolent pas vers toi.

Hélas, les femmes sont frivoles
Et parlent sans savoir pourquoi…
Pardon de toutes les paroles
Qui ne s'adressent pas à toi.

Les femmes devraient être nées
Rien que pour aimer ici-bas…
Pardon de toutes les années
Où je ne te connaissais pas !

XXV

PRIÈRE

Dieu qui déroulez une route
Sous le pas qui marche en aimant,
Et, près de la brebis qui broute,
Couchez en rond l'agneau dormant ;

Dieu qui prêtez l'air à la voile,
La pluie au sol, l'arbre aux oiseaux,
Et permettez à chaque étoile
De s'admirer dans le ruisseau ;

Dieu qui tendez sur notre tête
Un ciel de toutes les couleurs,
Et décidez la violette
À devancer les autres fleurs ;

Dieu qui dites à la chaumière
De s'appuyer sur l'horizon ;
Dieu qui voulez que la lumière
Entre en dansant dans la maison, —

Faites, quand je serai guérie,
Et que je referai le tour
De ma chambre, de ma prairie,
De mon jardin, de mon amour…

Que les objets et que les choses
Soient juste où mon rêve les mit :
Le bourdon vert au cœur des roses,
Mon nom au cœur de mon ami !

XXVI

SOMMEIL

Lorsque je dormirai dans ce champ ou la vie
N'est plus, parmi les fleurs, qu'une petite croix,
Vous viendrez, n'est-ce-pas, visiter quelquefois
La dernière maison de mon âme fleurie ;

Vous me direz encor la chanson infinie ;
Et nous serons encor seuls avec nos émois ;
Mais, quand, silencieux, vous attendrez ma voix,
Je ne répondrai plus… car je suis endormie…

Et puis, vous reprendrez ces sentiers, pas à pas,
Qui n'ont presque plus l'air de chemins d'ici-bas ;
Et, lorsque vous serez près de franchir la porte,

Vous vous retournerez, n'est-ce pas, et, avant
D'emporter votre cœur vers le monde vivant,
Vous enverrez encore un baiser à la morte !

XXVII

LE BOUQUET

Et vous m'apporterez des fleurs… oh ! pas en perle
Et pas de gerbe riche en feuillage important !
Mais, imprégné d'un chant de fauvette ou de merle,
Un vrai bouquet cueilli dans un buisson chantant ;

Un bouquet d'aubépine ou de jacinthe blême
Dont le parfum vous fit retourner en passant ;
Un vrai bouquet que vous aurez cueilli vous-même,
Et que vous porterez vous-même en pâlissant.

Oui, je veux ce bouquet de cette étrange sorte…
Car le plus beau bouquet qu'il se peut que l'on porte,
C'est celui dont on perd des fleurs sur le chemin.

Et qu'on apporte, un peu défait, au cimetière,
Et qu'on dépose, éparpillé, sur une pierre,
Parce qu'on le portait d'une tremblante main.

XXVIII

L'ANNEAU D'ARGENT

Le cher anneau d'argent que vous m'avez donné
Garde, en son cercle étroit, nos promesses encloses ;
De tant de souvenirs recéleur obstiné,
Lui seul m'a consolée en mes heures moroses ;

Comme un ruban qu'on mit autour des fleurs écloses
Tient encor le bouquet alors qu'il est fané,
Le cher anneau d'argent que vous m'avez donné
Garde, en son cercle étroit, nos promesses encloses.

Aussi, lorsque viendra l'oubli de toutes choses,
Dans le cercueil de satin blanc capitonné
Lorsque je dormirai, très pâle, sur des roses,
Je veux qu'il brille encore à mon doigt décharné
Le cher anneau d'argent que vous m'avez donné.

XXIX

CECI EST MON TESTAMENT

Je vous laisse, Ami cher, cette frivole estampe
Que vous aviez trouvé me ressembler beaucoup :
La mèche de cheveux qui frisait ma tempe,
Le pâle médaillon que je portais au cou.

Et je vous laisse aussi ma robe en mousseline,
Celle que vous aimiez ; mes souliers de satin ;
Mon cœur de tous les jours ; et ces vers de Racine
Que j'apprenais le soir pour les dire au matin.

Je vous laisse mes gants et mon ombrelle rose ;
Et je vous laisse encor — n'ayant rien autre chose —
Tous mes petits rubans de toutes les couleurs ;

Le livre que, pour vous, je lisais à la messe ;
Le cher anneau d'argent témoin de ma promesse…
Et ma tombe légère avec toutes ses fleurs !

XXX

LORSQUE TU SERAS VIEUX…

Lorsque tu seras vieux et que je serai vieille,
Lorsque mes cheveux blonds seront des cheveux blancs,
Au mois de mai, dans le jardin qui s'ensoleille,
Nous irons réchauffer nos vieux membres tremblants.
Comme le renouveau mettra nos cœurs en fête,
Nous nous croirons encor de jeunes amoureux,
Et je te sourirai tout en branlant la tête,
Et nous ferons un couple adorable de vieux ;
Nous nous regarderons, assis sous notre treille,
Avec de petits yeux attendris et brillants,
Lorsque tu seras vieux et que je serai vieille,
Lorsque mes cheveux blonds seront des cheveux blancs.

Sur le banc familier, tout verdâtre de mousse,
Sur le banc d'autrefois nous reviendrons causer ;
Nous aurons une joie attendrie et très douce,
La phrase finissant souvent par un baiser.
Combien de fois jadis j'ai pu dire : « Je t'aime ! »
Alors, avec grand soin, nous le recompterons ;
Nous nous ressouviendrons de mille choses, même
De petits riens exquis dont nous radoterons.
Un rayon descendra, d'une caresse douce,
Parmi nos cheveux blancs, tout rose, se poser,
Quand, sur notre vieux banc tout verdâtre de mousse,
Sur le banc d'autrefois nous reviendrons causer.

Et, comme chaque jour je t'aime davantage
— Aujourd'hui plus qu'hier et bien moins que demain —
Qu'importeront alors les rides du visage,
Mon amour se fera plus grave et plus serein.
Songe à tous les printemps qui dans nos cœurs s'entassent,
Mes souvenirs à moi seront aussi les tiens,
Ces communs souvenirs toujours plus nous enlacent
Et sans cesse entre nous tissent d'autres liens ;
C'est vrai, nous serons vieux, très vieux, faiblis par l'âge,
Mais plus fort chaque jour je serrerai ta main,
Car, vois-tu, chaque jour je t'aime davantage :
Aujourd'hui plus qu'hier et bien moins que demain !

Et de ce cher amour qui passe comme un rêve
Je veux tout conserver dans le fond de mon cœur,
Retenir, s'il se peut, l'impression trop brève,
Pour la resavourer plus tard avec lenteur ;
J'enfouis ce qui vient de lui comme un avare,
Thésaurisant avec ardeur pour mes vieux jours ;
Je serai riche alors d'une richesse rare,
J'aurai gardé tout l'or de mes jeunes amours ;
Ainsi, de ce passé de bonheur qui s'achève,
Ma mémoire parfois me rendra la douceur,
Et de ce cher amour qui passe comme un rêve
J'aurai tout conservé dans le fond de mon cœur.

Lorsque tu seras vieux et que je serai vieille,
Lorsque mes cheveux blonds seront des cheveux blancs
Au mois de mai, dans le jardin qui s'ensoleille,
Nous irons réchauffer nos vieux membres tremblants.
Comme le renouveau mettra nos cœurs en fête,
Nous nous croirons encore aux heureux jours d'antan,
Et je te sourirai tout en branlant la tête,
Et tu me parleras d'amour en chevrotant ;
Nous nous regarderons, assis sous notre treille,
Avec des yeux remplis des pleurs de nos vingt ans…
Lorsque tu seras vieux et que je serai vieille,
Lorsque mes cheveux blonds seront des cheveux blancs !

TABLE DES MATIÈRES

198

L'ÉTERNELLE CHANSON   153

Un petit mot de l'éditeur…

Chères lectrices et lecteurs, sachez que c'est avec le plus grand plaisir que j'ai repris mot par mot cet ouvrage dont je possède une vieille édition afin de le partager avec vous.

Malgré tout le soin apporté à la mise en page et aux relectures vous pourriez trouver quelques erreurs que je n'aurais pas vues. N'hésitez pas dans ce cas à m'en faire part afin que je puisse les corriger. Vous pouvez également me contacter pour toute autre remarque, commentaire ou simplement me donner votre avis, je vous répondrai dans les plus brefs délais.

J'espère que tout autant que moi vous aurez pris plaisir à lire cette auteur. À très bientôt pour de nouvelles lectures !

Marius Julien

Printed in Great Britain
by Amazon